京都の鉄道
気まま旅

Kaoru Mizusaki
水崎 薫

ゆいぽおと

「はじめに」に代えて

京都と鉄道

1976年当時の京都駅前（西川和夫氏提供）

■日本初の路面電車が走った街

京都駅前、塩小路通東洞院南西角に「電気鉄道事業発祥地」の石標が建てられている。日本初の路面電車である京都電気鉄道の伏見線は、1895（明治28）年、ここを起点として伏見下《しも》油掛《あぶらかけ》までの約6㎞を走ったのだ。この路面電車実用化の背景には、琵琶湖疏水を活かした日本初の水力発電所「蹴上発電所《けあげはつでんじょ》」から生まれた豊富な電力があった。

京都電気鉄道は、次いで七条～木屋町通～岡崎博覧会会場間を開通。この成功は後に全国での路面電車ブームへとつながっていった。

一方、京都市も独自に電気鉄道事業を推進。1912（明治45）年には烏丸線、千本・大宮線、丸太町線、四条線の計7・7㎞を開通させた。京都電気鉄道の軌間が1067㎜だったのに対し、京都市は1435㎜で、乗り入れができないまま同じルートを走る区間が多かったものの、路線は拡大し、一大ネットワークが完成した。

1918（大正7）年、京都市は京都電気鉄道の買収を実現させ、市内の路面電車は一本化された。路線は拡張を続け、東京オリンピックの前年、1963（昭和38）年には最盛期を迎える。しかしその後、モータリゼーションの台頭や軌道敷内での渋滞などにより、昭和49年代後半から順次廃線へと向かい、1978（昭和53）年、京都市電は83年の歴史に幕を閉じたのである。

市電廃止後も車両は各地で保存され、現在も広島電鉄や伊予鉄道で現役として活躍。梅小路公園では、京都電気鉄道時代の姿に復元された車両が運転されている。また、路面に使用されていた敷石は、二年坂、三寧坂《さんねいざか》（三年坂）、石塀小路《いしべこうじ》、哲学の道などの石畳として利用されている。当地を散策の際には、市電の走っていた頃の京都の街に思いを馳せていただきたい。

■圧倒的なスケールを誇る京都駅

１日平均の乗降人数が60万人といわれる京都駅は、東海道新幹線、山陽新幹線、ＪＲ在来線、地下鉄、近鉄などが乗り入れる日本有数のターミナル駅。まさに京都の玄関口だ。

その京都駅には、「日本一」が３つある。

京都駅のホームは、０番～10番（１番は欠番）が在来線（ＪＲ西日本）、11番～14番が新幹線（ＪＲ東海）、20番台はなくて30番は関空特急「はるか」用、31番～34番が嵯峨野線（山陰本線）用となっている。34番線は降車専用だが、日本で最も大きい数字が当てられたホームである。そして、５５８ｍもある日本一長いホームが存在する。これは、０番線の３２３ｍと、烏丸中央改札口を挟んで30番線の２３５ｍが実質的につながっているからだ。

発着するＪＲの在来線特急の種類が多い駅としても日本一だ。北陸方面への「サンダーバード」、東海道・高山方面への「ひだ」「らくラクびわこ」（旧・びわこエクスプレス）、山陰方面への「スーパーはくと」、関空・南紀方面への「はるか」「くろしお」、そして北近畿方面への「きのさき」「はしだて」「まいづる」と９種類。さらに、不定期ではあるが豪華寝台特急「ＴＷＩＬＩＧＨＴ ＥＸＰＲＥＳＳ 瑞風」や観光列車「ＷＥＳＴ ＥＸＰＲＥＳＳ 銀河」もやってくる。それぞれの発着を見るだけでも十分楽しめる。

次に駅舎について見てみよう。

１８７７（明治10）年。煉瓦造りのモダンな建物で、現在より少し北側にあり、七条通に面していたため「七条ステーション」や「七条停車場」と呼ばれていた。

１９１４（大正３）年、大正天皇の御大典《ごたいてん》に合わせて２代目駅舎を初代駅舎の南側に建設。貨物ヤードや機関区は駅西の梅小路に移転した。

１９５０（昭和25）年に駅舎食堂従業員の不始末で、木造駅舎は全焼した。

１９５２（昭和27）年、３代目駅舎が完成。鉄筋コンクリート造の２階建てで、中央に８階建ての棟を備えていた。

１９９０（平成２）年、ＪＲ京都駅改築に関する国際指名コンペが行われ、原広司氏の案に決定。総工費１５００億円を投じ、１９９７（平成９）年９月11日に４代目駅舎として京都駅ビルがグランドオープンした。高さ60ｍ（地上16階、地下３階）、敷地面積３８０００㎡、東西の長さは４７０ｍにおよぶ巨大なスケールである。

「京都は歴史の門である」をコンセプトとした現代アートのようなデザイン。東側に「ホテルグランヴィア京都」、西側に「ジェイアール京都伊勢丹」が位置し、その間の中央コンコースは、４００枚のガラスを使用した正面と、大屋根で覆われた吹き抜けとなっており、東西へは渓谷状の大階段が設けられている。階段を上りきるとそこは大空広場。コンコースの真上を跨《また》ぐ空中回廊からは、京都タワー越しに中心市街地が見渡せる。飲食店はもちろん、「美術館・えきＫＹＯＴＯ」や「京都劇場」などの文化施設も備わっており、駅ビル自体が一つの繁華街といえるだろう。

■国内最大級の「京都鉄道博物館」

梅小路京都西駅から徒歩約2分のところにある「京都鉄道博物館」は、大宮の「鉄道博物館」、名古屋の「リニア・鉄道館」とならぶ三大鉄道博物館の一つ。２０１５（平成27）年に閉館した「梅小路蒸気機関車館」をリニューアルする形で、２０１６（平成28）年にオープンした。

梅小路蒸気機関車館に収蔵・展示していた蒸気機関車を含めて54両の車両を収蔵・展示。ほかに「運転シュミレーター」（事前にチケットの購入が必要）や日本最大級の「鉄道ジオラマ」などもあり、テーマである「地域と歩む鉄道文化拠点」として、驚きや感動の体験を通して鉄道の歴史や安全、技術を学ぶことができる。さらに、本館３階の「スカイテラス」は、絶好の鉄道ビューポイント。目の前で、ＪＲ京都線や東海道新幹線など多くの走行車両を観ることができる。

博物館に併設されているのが「旧二条駅舎」。１８９７（明治30）年、京都鉄道の二条駅〜嵯峨駅（現・嵯峨嵐山駅）間開通に伴って開業した駅で、現存する建物は、１９０４（明治37）年完成の京都鉄道本社屋を兼ねた初代の駅舎。１９９６（平成８）年まで現役だったが、二条駅の高架化に伴い、梅小路蒸気機関車館に移設された後、現在は京都鉄道博物館の付属施設として、内部にミュージアムショップが設けられている。

京都鉄道博物館に隣接する「梅小路公園」は梅小路駅貨物跡地約11・６haにつくられた都市公園。園内には「京都水族館」もある。併せてお楽しみいただきたい。

京都の鉄道 気まま旅　目次

京都市営地下鉄

烏丸線（国際会館～竹田）
東西線（六地蔵～太秦天神川）

京都市の中心部から市街地までを
東西南北に結ぶ市営地下鉄。
市中心部では烏丸通《からすまどおり》に沿って南北にのびる烏丸線《からすません》と、
御池通や三条通に沿って東西に走り
山科から六地蔵まで南下する東西線との2路線。
渋滞を気にせず、
各駅間を1〜3分で移動できるので
沿線に点在する観光スポットへの
魅力的なアクセスとなる。

基本データ

開業 1981(昭和56)年5月29日
駅数 31駅
総延長距離 31.2ｋｍ
軌間 1,435㎜
最高速度 75km/h

写真：京都駅に到着する烏丸線の電車

烏丸線（国際会館〜竹田）

京都市内中心部を南北に貫く烏丸線。その起点駅は「国際会館」であるが、ここではまず京都観光の玄関口となる「京都」駅からの利用を想定して紹介していこう。

JR在来線、新幹線、近鉄京都線と接続する地下鉄京都駅はJR京都駅の東側の地下にあり、新幹線からの乗り換えは、南改札が便利だ。1面2線の島式ホームに、1日平均約11万人（令和4年度実績）の人々が乗り降りする。京都駅を出ると、烏丸通の地下を北へ走り、「五条」駅へ。「東本願寺」や「渉成園《しょうせいえん》」の最寄駅で、京都銀行、アイフル、サン・クロレラなどの本社がある。次は、阪急京都線との接続駅「四条」。京都駅に次いで2番目に乗降人数が多い駅であるが、特に祇園祭の宵山のときなどは、近くに鉾町《ほこまち》が集まっているため大混雑となる。

烏丸線と東西線が交わるところに位置し、両路線の乗換駅である「烏丸御池《からすまおいけ》」。駅周辺は交通至便の場所でビジネス街として発展してきたが、「新風館《しんぷうかん》」や「京都国際マンガミュージアム」ができ、賑わいのある街となっている。「京都文化博物館」、「六角堂」へもこの駅からが近い。

烏丸通を北上、「京都御苑《きょうとぎょえん》」の南西角にあるのが「丸太町」駅。「平安女学院」や「京都府庁」「文化庁京都庁舎」「京都府警本部」などの官公庁がある。京都御苑の広大な敷地に沿って走り、京都御苑の北西角あたりが、次の「今出川」駅になる。駅の東側には「同志社大学今出川キャンパス」が広がる。江戸時代に薩摩藩邸があったところだ。キャンパスの北には、臨済宗相国寺派の総本山「相国寺《しょうこくじ》」がある。

（上）渉成園は、東本願寺の飛地境内地の庭園。三代将軍・徳川家光から寄進された地に作庭されたもので、変化に富んだ景観は「十三景」と称されている。（右）真宗大谷派の本山・東本願寺。

【京都御苑周辺の史跡めぐり】

丸太町駅と今出川駅の間には、歴史の現場が集まっている。京都御苑と併せて、歴史散歩を楽しんでみては。

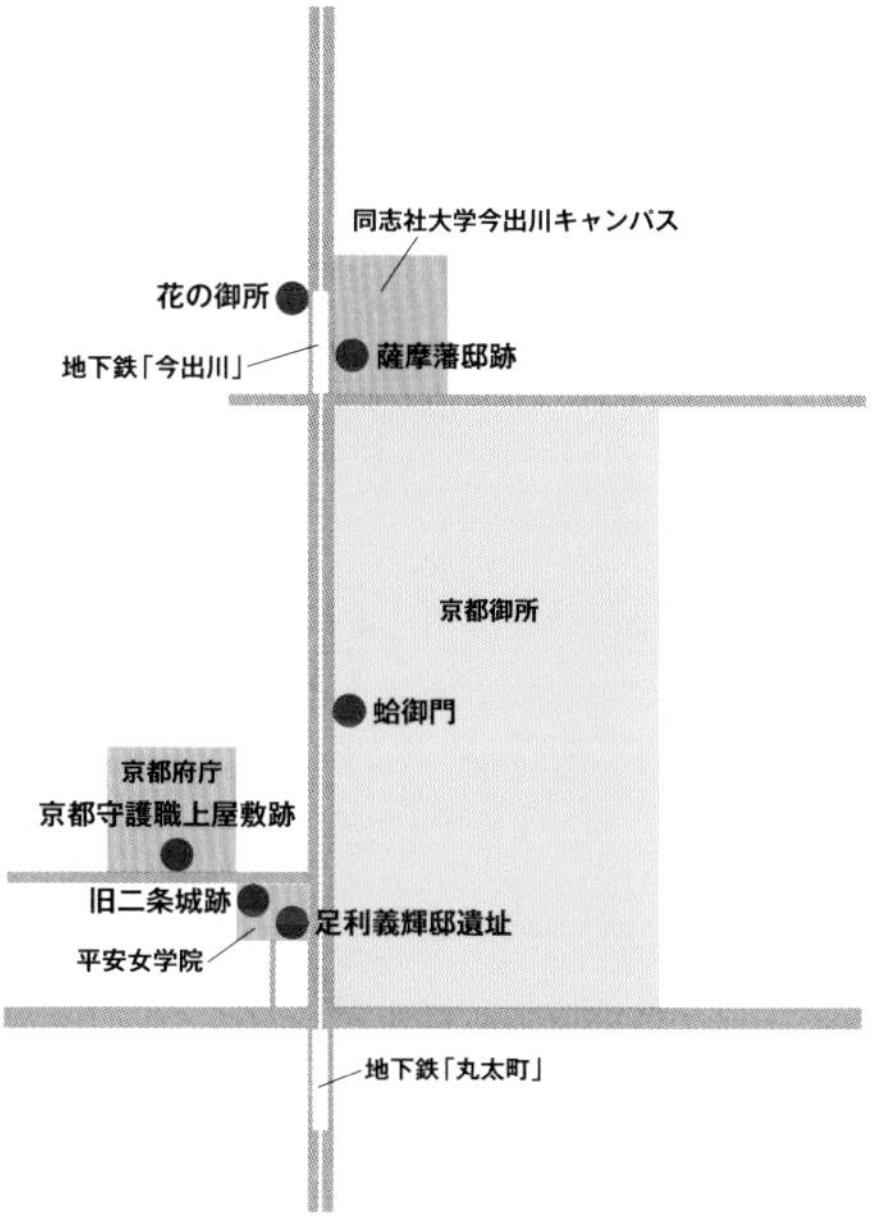

京都文化博物館の別館は、辰野金吾設計による旧日本銀行京都支店で、明治期の名建築として国の重要文化財にも指定されている。

華道家元池坊が住職を務める六角堂は、いけばな発祥の地。池坊専慶、池坊専応、池坊専好などの名手を輩出している。

また、②番出口を出たところにある大聖寺一帯は、足利義満の邸宅跡で「花の御所」と呼ばれた。

さらに北上すると「鞍馬口」駅だが、決して鞍馬地区への最寄駅ではない。豊臣秀吉の都市計画「御《お》土《ど》居《い》」に設けられた東西南北へ伸びる街道の出入り口（「京の七口」と呼ばれた関所）のひとつで、鞍馬街道の起点という意味である。

鞍馬口を出ると烏丸通りから少しだけ外れ、「北大路」駅に停車。ここは、市電時代の烏丸車庫があったところで、1981（昭和56）年の烏丸線開業時には起点の駅として設置された。地下からそのまま乗り継げるバスターミナルや、「イオンモール北大路」を中心とする複合商業施設となっている。「大谷大学」「立命館小学校」にも近い。

北大路を出た電車は、賀茂川の下を潜って、東に大きくカーブを切り「北山」駅に着く。③番出口を出ると、目の前は、おしゃれな店が並ぶ「北山通」。西隣りには、1924（大正13）年に開園した日本初の公立植物園「京都府立植物園」がひろがる。その周りには、地下鉄出口から専用通路でも行ける「京都コンサートホール」（京都市交響楽団の本拠地）や「京都学・歴彩館《れきさいかん》」「京都府立大学」などがあり、北山文化環境ゾーンとなっている。賀茂川散策に出かけるにも最適な駅である。

北山から、次の「松ヶ崎」駅にかけての北山通沿いは、クリスマスシーズンになると、二つの教会や「ノートルダム女子大学」のイルミネーションで彩られる。地元で〝こうせん〟と呼ばれる国立の「京都工芸繊維大学」も、この松ヶ崎が最寄駅である。

松ヶ崎から再び北上する電車は、1997（平成9）年、北山駅からの延伸によって開通した、「国際会館」駅に到着。1966（昭和41）年にオープンした日本初の「国立京都国際会館」の最寄駅である。建築家・大谷幸夫の代表作で、比叡山を借景に、日本古来の合掌造りと現代建築を融合させた独特の建物だ。周囲には、イベントホールや「ザ・プリンス京都宝ヶ池」があり、宝ヶ池を含む「宝ヶ池公園」は、市民の憩いの場となっている。

さて、今度は京都駅から南へ

(上)京都府立植物園 (中左) 北山通
(中右)京都コンサートホール (下)賀茂川

国立京都国際会館では、地球温暖化防止京都会議（COP-3）や第3回世界水フォーラムなどの国際会議が開かれた。

下る。次の「九条」駅は、京都市営地下鉄で最も乗降客が少ない駅である。

　さらに烏丸通を下って「十条」駅。周辺には「任天堂」本社開発棟がある。十条を過ぎると烏丸通から離れ、鴨川の下を潜り「くいな橋」駅へ。鴨川に架かる「水鶏橋《くいなばし》」にちなんだ名前で、公募で決められた。近くには「龍谷大学深草キャンパス」やホームセンター、スーパーなどがある。くいな橋を発車すると、電車は地上に出て、そのまま終着の「竹田」駅へ。京都駅から、地下鉄と並行して走ってきた近鉄京都線もここで合流、共同使用駅となっている。近鉄とは相互直通運転を行っており、国際会館から竹田を経由して新田辺駅直通の普通、近鉄奈良駅直通の急行電車もある。

　竹田駅の南西、徒歩15分くらいのところには「城南宮《じょうなんぐう》」がある。「鳥羽伏見の戦い」の火蓋が切られた地だ。神苑は源氏物語に関わる四季折々の花々が楽しめる人気のスポットとなっている。

くいな橋駅を出ると、市営地下鉄唯一の地上区間を走り、竹田駅に着く。

平安遷都の際に、都の守護と国の安泰を願って創建された城南宮。神苑内の「春の山」では、150本のしだれ梅が春の訪れを告げる。（城南宮提供）

寺町京極商店街は、三条寺町〜四条寺町の間に続く老舗商店街。

東西線（六地蔵〜太秦天神川）

　六地蔵を起点として、太秦天神《うずまさてんじん》川《がわ》に至る東西線だが、ここでは、烏丸線と交わる烏丸御池駅からの乗り換えを前提として紹介していく。まずは東へ向かおう。東西線のりばは、烏丸線のりばのさらに下の地下3階にある。六地蔵行が到着。ホームドア（東西線全駅に設置）が開いたら乗車しよう。（びわ湖浜大津行は、東西線に乗り入れている京阪電車で、御陵駅以降の地下鉄駅へは乗り換えが必要）

　最初の駅「京都市役所前」からは、市役所のほか、「京都ホテルオークラ」や地下街の「ゼスト御池」、「寺町京極商店街」「本能寺」が近い。鴨川を潜ると、京阪本線・鴨東線《おうとうせん》の三条駅と地下コンコースで繋がる「三条京阪」駅。叡山電車の始発駅「出町柳《でまちやなぎ》」駅へはここで乗り換えだ。つづいての「東山」駅は、京都屈指の観光コースの出発点。北に歩けば「平安神宮」から「金戒《こんかい》光明寺《こうみょうじ》」「真如堂」、南は「青蓮院《しょうれんいん》」「知恩院《ちおんいん》」「円山公園《まるやまこうえん》」から「八坂神社」「高台寺《こうだいじ》」「八坂の塔」へと続く。

散策ルートの出発点としては、次の「蹴上《けあげ》」駅も負けてはいない。「インクライン」「南禅寺」「永観堂」から「哲学の道」へ。また、岡崎疎水沿いを歩いて「琵琶湖疎水記念館」「無鄰庵《むりんあん》」「京都市動物園」や平安神宮へ行くのもいい。

三条通りに沿って東へと走ってきた電車は、蹴上駅から進路を南東へと変え、山科区へ入る。近くに「天智天皇山科陵」があることからその名がついた「御陵《みささぎ》」駅は、京阪大津線への接続駅。地下2階が西行き（太秦天神川方面）、3階が東行き（地下鉄は六地蔵方面、京

(上)神宮道から望む平安神宮。
(右)黒谷さんの名で親しまれ、京都守護職の本陣となった金戒光明寺。
(下)真如堂。三重塔と紅葉のグラデーションは見逃せない。
(左1段目)粟田御所ともよばれる青蓮院。
(左2段目)知恩院の南に隣接する京都初の都市公園・円山公園。
(左3段目)八坂神社。祇園祭はこの神社の祭礼だ。
(左4段目)高台寺からは、八坂の塔をはじめ京都の街を一望できる。

阪はびわ湖浜大津方面）のホームとなっている。

　御陵で別れた京阪と地下鉄、西から来たＪＲ東海道本線が並んで走り、次の山科に集まり、それぞれの駅に着く。複合施設「ラクト山科」に直結した東西線の「山科」駅は、京都中心部への通勤通学客やＪＲからの乗り換えが多いが、「山科疏水」や「毘沙門堂《びしゃもんどう》」への観光客でも賑わいを見せている。

　山科から路線は南へと折れ「東野」駅へ。ここは、五条バイパスと外環状線が交わる場所にあたり、路線バスへと乗り換える人が多い。電車はさらに南下。山科区役所のある「椥辻《なぎつじ》」駅を経て「小野」駅へ。皇室や藤原氏ゆかりの「勧修寺《かじゅうじ》」や、「はねずの梅」が有名な、小野小町ゆかりの寺「隋心院《ずいしんいん》」の最寄駅だ。伏見区に入り、電車は「醍醐《だいご》」駅に停車。駅上にある複合施設「パ

（右１段目）世界最長の傾斜鉄道跡のインクライン。蹴上駅からの散策コースに最適だ。

（右２段目）南禅寺境内にある琵琶湖疏水の水路橋・水路閣。花崗岩造りのアーチ型橋脚は、人気のフォトスポットだ。

（左１段目）明治時代に琵琶湖の水を京都へ引き込むために造られた琵琶湖疏水。その山科部分。桜と菜の花のコントラストが美しい。

（左２段目）毘沙門堂は毘沙門天を祀る天台宗の門跡寺院。秋には境内を紅葉が彩る。

（左３段目）後醍醐天皇が母・藤原胤子の菩提を弔うために創建した勧修寺。庭園には、桜、藤、杜若、花菖蒲が咲く。


“秋は紅葉の永観堂”といわれるほど紅葉で名高い永観堂。正式には禅林寺という。カエデに覆われた釈迦堂や開山堂などは回廊で結ばれている。山頂には多宝塔がある。

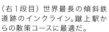

セオ・ダイゴロー」と直結。周辺は、市営住宅はじめ団地が多い。豊臣秀吉が催した「醍醐の花見」で知られる「醍醐寺」の最寄駅として観光客の利用も多い。

　醍醐駅から、ゆるやかに西へカーブして、大規模団地のひろがる「石田」駅を過ぎると、東西線の起点「六地蔵」駅に着く。ここは、市営地下鉄で唯一宇治市にある駅である。宇治市北部の交通の要所となっており、JR奈良線の六地蔵駅（京都市伏見区）と京阪宇治線の六地蔵駅（宇治市）もあり、乗り換えができる。

　今度は、烏丸御池から西へ行こう。御池通の下を通ってきた電車は、堀川通から一本北に迂回し、「二条城」に近づく。「二条城前」駅の①番出口からは、東南隅櫓《すみやぐら》が目の前に見える。駅構内には、東西線建設工事の際の二条城周辺発掘調査で出土した遺物も展示されている。

　JR嵯峨野線と接続する「二条」駅から、また御池通に戻り、次の「西大路御池」駅へ。仮称は西大路だったが、最終的に駅の真上にある交差点名が採用された。

　そして東西線の終点「太秦天神川」駅に到着する。２００８（平成20）年に、二条から延伸されたとき西大路御池駅とともにできた駅で、京都市営地下鉄の駅としては最も西に位置する。ここで、南の三条通を走ってきた嵐電（京福嵐山線）と接続する。駅の上部には、区役所などの行政機関とマンションが入る「サンサ右京」がある。

秀吉は、醍醐の花見の半年後にこの世を去った。最後を悟っていたのか、それは壮大なものだったという。

六地蔵の地名の由来は、京都六地蔵の一つである大善寺が、古くから“六地蔵さん”とよばれていたことによる。

元離宮二条城は、徳川家の栄枯盛衰を見守りつづけてきたお城。

地上に出ると、すぐに嵐電嵐山本線の停留場がある。

京都市営地下鉄のあゆみ

　京都市の中心部の交通は、長年市電がその中核を、市バスが周辺部から中心部へのアクセスを担ってきた。しかし1960年代以降のモータリゼーションにより市民や観光客のマイカーが急増。市電は遠ざけられるようになってきた。

　こうした状況のなか、新たな根幹輸送機関として計画されたのが地下鉄だ。1968（昭和43）年に建設計画が打ち出され、1974（昭和49）年の起工式から6年6か月の工事を経て、1981（昭和56）年5月29日に市営地下鉄烏丸線、北大路〜京都間の6・6kmが開通。新しい交通体系の一歩を踏み出したのである。

　1988（昭和63）年6月には京都〜竹田間の3・3kmが、8月には近鉄京都線との相互直通運転も始まった。

　1990（平成2）年10月には北大路〜北山間の1・2kmが開通し、当初計画区間のすべてが完成した。

　その後、1997（平成9）年6月に北山〜国際会館が開通し、現在の烏丸線の形となった。

地下鉄烏丸線開業。1981（昭和56）年5月29日、北大路駅ホーム。
（京都新聞社提供）

　同年10月には、二番目の地下鉄路線・東西線の醍醐〜二条間12・7kmが開業。京阪京津線も、御陵から京都市役所前までの乗り入れを開始する。こうして京都市を東西南北に横断する鉄道が完成したのだ。

　2000（平成12）年3月、烏丸線の国際会館〜近鉄奈良線間直通の急行が運転開始。

　2004（平成16）年11月には、東西線の六地蔵〜醍醐間が開業。京都市外の宇治市に初めて地下鉄の駅ができた。

　2008（平成20）年1月、東西線の二条〜太秦天神川間が開業。京阪京津線の乗り入れ区間を太秦天神川まで延長し今に至る。

　なお、2022（令和4）年3月には、烏丸線では40年ぶりとなる新型車両が登場している。

京都市営地下鉄の車両

10系

烏丸線の開業時に登場した車両。1981（昭和56）年から1997（平成9）年にかけて、6両編成20本の120両が製造された。片側4扉、全長20.5 mの車両で、車体はアルミ製。近鉄との直通運転に対応している。（京都市交通局提供）

20系

2022（令和4）年3月から運行開始した烏丸線の新型車両。車いす・ベビーカーが利用しやすいスペースを新設するなど、バリアフリーに配慮。室内外の装飾などに、京都の伝統産業の技法を活用し「京都らしさ」を意識している。

（京都市交通局提供）

●乗り入れ車両

近畿日本鉄道
烏丸線（竹田～国際会館）

3200系

3220系

京阪電気鉄道
東西線（御陵～太秦天神川）

800系

50系

1997（平成9）年と2004（平成16）年に6両編成17本の102両が製造された。東西線用準小型車両として一回り小さいサイズで作られている。ATOによるワンマン運転やホームドアに対応している。　（京都市交通局提供）

路線図

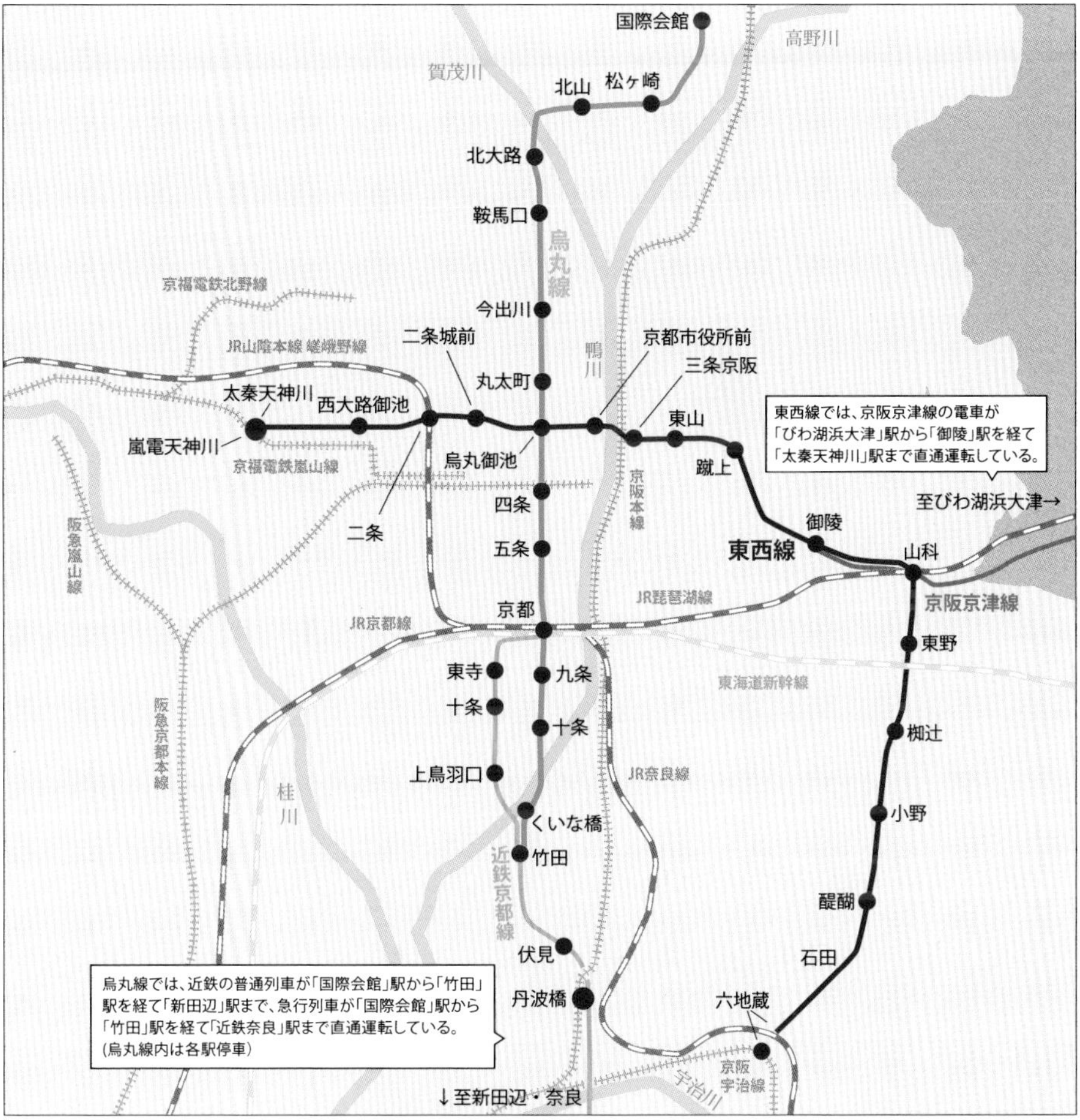

■お得な乗車券

●地下鉄1日券

京都市営地下鉄全線が1日間乗り降り自由となるカード乗車券。利用当日に、沿線の主要観光施設で優待特典が受けられる。

●地下鉄1日券

駅の自動券売機で発売(発売日当日に限り有効)。

●地下鉄・バス1日券

京都市営地下鉄・市営バス全線、京都バス(一部路線を除く)、京阪バス(一部路線を除く)、JRバス(一部路線を除く)が1日乗り放題。

京都市交通局
Kyoto Municipal Transportation Bureau

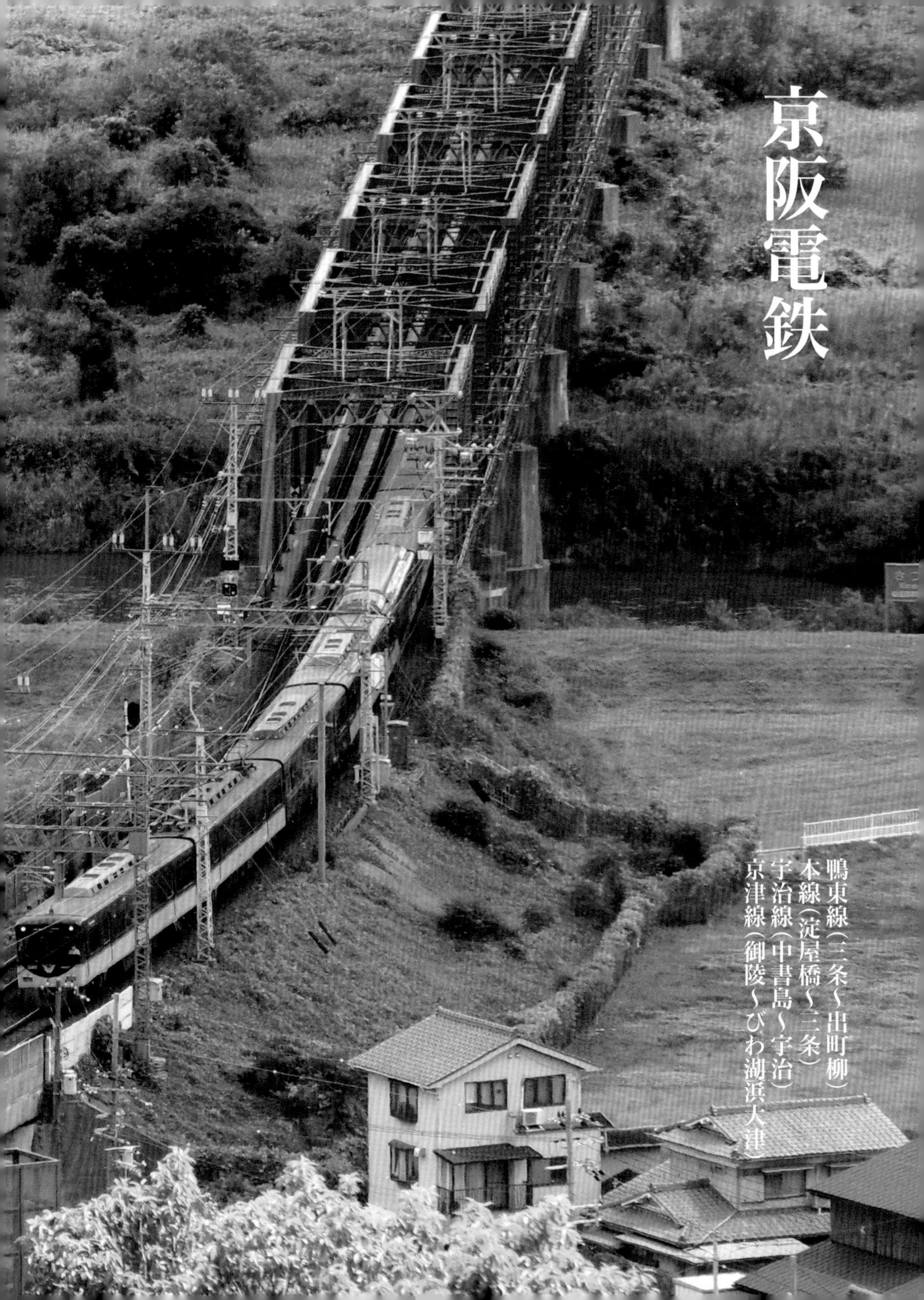

京阪電鉄

鴨東線（三条〜出町柳）
本線（淀屋橋〜三条）
宇治線（中書島〜宇治）
京津線（御陵〜びわ湖浜大津）

鴨川の築堤の上を、
「テレビカー」を連結した京阪特急が走る。
そんな時代を懐かしく思う人も多いだろう。
大阪・淀屋橋から京都・出町柳までを結ぶ
京阪電車は、大手私鉄の一つとして
アイディアと技術を武器に
関西の鉄道業界を常にリードしてきた。
91・1km、計7路線。
通勤通学、沿線の観光地への足として
多くの人が利用している。

基本データ

●鴨東線
開業 1989（平成元）年10月5日
駅数 3駅
路線距離 2.3km
軌間 1,435mm
最高速度 90km/h

●本線
開業 1910（明治43）年4月15日
駅数 40駅
路線距離 49.3km
軌間 1,435mm
最高速度 110km/h

●宇治線
開業 1913（大正2）年6月1日
駅数 8駅
路線距離 7.6km
軌間 1,435mm
最高速度 80km/h

●京津線
開業 1912（明治45）年8月15日
駅数 7駅
路線距離 7.5km
軌間 1,435mm
最高速度 75km/h

写真：木津川橋梁を渡る京阪特急

鴨東線・本線
（出町柳〜淀屋橋）

京阪本線の京都側の起点は三条だったが、鴨川の築堤の上を走っていた京阪電車が七条の手前から三条まで地下化され、本線を延長する形で出町柳まで鴨東線《おうとうせん》が建設されると実質本線の一部となり、ほぼ全列車が出町柳まで直通となっている。ということで、本線の旅は「出町柳」駅からスタート。特急の発着も多いが、今回は普通に乗って大阪方面へと各駅を巡っていこう。出町柳を出ると、最初の停車は「神宮丸太町」駅。その名のとおり、東にある平安神宮への京阪の最寄駅だが、歩いて15分ほどかかる。

次はかつての起点「三条」駅。市営地下鉄東西線の三条京阪駅と連絡しており、周辺地域も三条京阪と呼ばれている。駅の西側、鴨川に架かる三条大橋は東海道五十三次の西の起点。歌川広重の絵のモチーフになっている。橋を渡って西に歩くと、川原町通に出る手前右に「池田屋騒動」の舞台となった旅籠・池田屋の跡地がある。潜伏していた尊王攘夷派志士を京都守護職配下の新選組が襲撃した事件だ。三条大橋の擬宝珠《ぎぼし》に残る刀傷は、その時つけられたものだといわれている。

河原町通を渡ると正面が「三条名店街」の入口。アーケード付商店街で、新旧の商店が軒を連ねる。商店街を抜けた三条通は明治時代のメインストリートで、旧日本銀行京都支店（現・京都文化博物館別館）や中京郵便局などの近代建築も見逃せない。

京阪出町柳ビルの地上1階に叡山電鉄のホーム・駅施設と京阪の入口、地下1階に京阪のコンコース、地下2階にホームがある。

京阪電車初の有料座席指定車両「プレミアムカー」は6号車。乗車には乗車券とプレミアムカー券が必要だ。

三条大橋の西側から二つ目の南北の擬宝珠には刀傷があり、池田屋騒動のときについたものではといわれている。

三条大橋を西に歩くと、三条名店街のアーケードをぬけて、三条通へとつづく。

さらに西へ。堀川通を越えると、京都最大のアーケード商店街「三条会商店街」。この三条通は最終的に嵐山まで続く。

電車は南下すると、「祇園四条」駅に着く。「祇園」や「八坂神社」「円山公園《まるやまこうえん》」の最寄駅で、「市場大橋」の周りには、「レストラン菊水」「南座」「東華菜館《とうかさいかん》」などの歴史的な建物がある。

ここまで、三条から四条にかけての河原町通は京都でも有数の繁華街で、商店街である歩道にはアーケードが設けられている。地元の人や観光客で、賑わいが絶えない。

「清水五条」駅は、1910（明治43）年の京阪開業時の起点駅。長年「五条」駅の名で親しまれてきたが、市営地下鉄烏丸線の「五条駅」ができたため、2008（平成20）年に、現在の駅名に改められた。

東に歩いて約25分。それでも訪れたいのが世界遺産「清水寺」。約1200年の歴史を誇る由緒正しい寺院で、境内には「清水の舞台から飛び降りる」で知られる本堂や、三重塔などの国宝、重要文化財が立ち並ぶ。恋愛成就に御利益があるとされる「音羽《おとわ》の滝」や胎内巡りの隋求堂《ずいぐどう》などのパワースポットもある。また、日本漢字検定協会により、1995（平成7）年から始まった世相を表す「今年の漢字」は、この清水の舞台で発表される。

清水五条駅から2分で「七条」駅。東側の「三十三間堂」「京都国立博物館」「豊国神社」「智積《ちしゃく》院《いん》」、西側の「渉成園《しょうせいえん》」の最寄駅だ。この駅は、改札口が各ホームに独立して設けられており、改札内に

四条大橋。東詰めに「レストラン菊水」「南座」が見える。

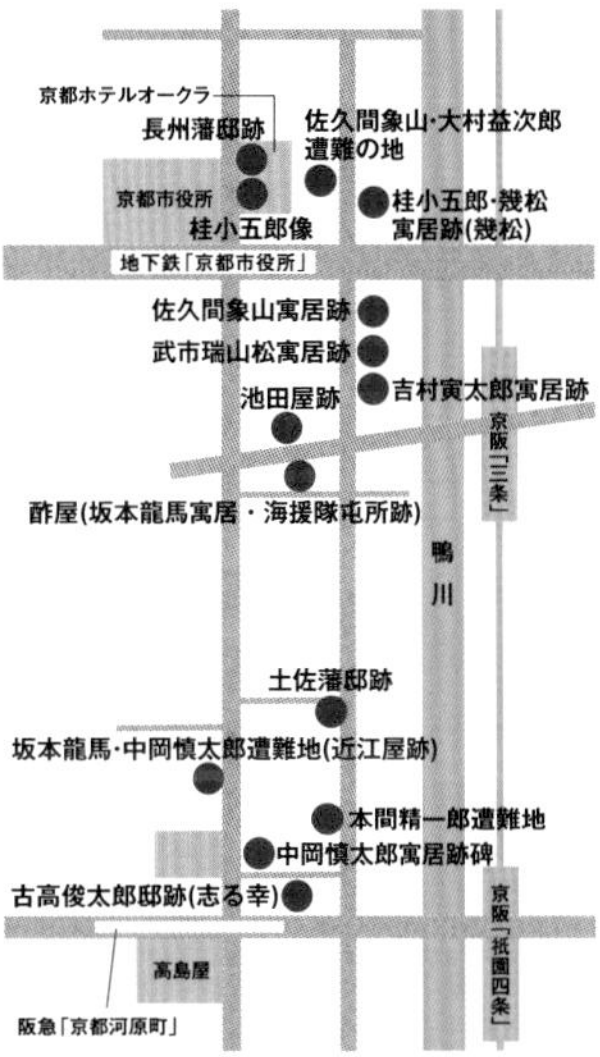

三条～四条にかけての河原町周辺には、幕末の歴史を動かしたスポットが点在している。

清水寺全景。清水の舞台は、2020年末に修復工事を終えた。

七条を出発すると、電車は地下線から出る。

はお互いのホームを結ぶ通路がないのでご注意を。また、ノンストップの快速特急「洛楽《らくらく》」はこの駅を出ると大阪の「京橋」駅まで途中の駅には停車しない。

七条駅を出ると、電車は地下線から地上に出る。東海道本線を潜って「東福寺」駅へ。京都駅を出て、鴨川を渡ったJR奈良線が近づき、ここで接続する。双方のホームは隣り合わせだが、乗り換えには一旦改札を出る必要がある。駅から10分ほどのところに、紅葉の人気スポット「東福寺」があり、シーズンには大混雑する。

京阪本線で最も乗降客が少ないのが、次の「鳥羽街道」駅。かつてはすぐ近くに任天堂の本社（二代目）があったが移転し、現在はリサーチセンターとなっている。実は、東福寺にはこの駅の方が近いので、東福寺の混雑を避けたい

規模は東大寺に次ぎ、教行は興福寺に習うという意味で名づけられた東福寺。通天橋から眺める洗玉潤の紅葉はすばらしいが、新緑の季節もすてがたい。

伏見稲荷大社は、全国に3万社ある稲荷神社の総本宮。平安遷都よりも古い711（和銅4）年の創建と伝わる。

最大の見どころは「千本鳥居」。朱塗りの鳥居が連なる光景は圧巻だ。

藤森神社の境内2カ所にある紫陽花苑では約35，000株が咲き誇る。

方は、こちらの利用をお勧めする。東福寺から並走してきたJR奈良線とは鳥羽街道から少し離れ、それぞれに伏見稲荷大社に近づく。

朱塗りの鉄柱が千本鳥居をイメージさせるのが京阪の「伏見稲荷」駅。JRの線路を渡って境内に至る御幸道《みゆきみち》に入れる（JR稲荷駅前は表参道になる）。

南進する電車は、琵琶湖疎水に沿って、龍谷大学の玄関口に当たる「龍谷大学深草」駅、京都教育大学に近い「藤森《ふじのもり》」駅、そして桜の穴場スポットの墨染寺《ぼくせんじ》の最寄りの「墨染《すみぞめ》」駅に停車していく。紫陽花苑で知られる藤森神社へは駅名とは異なり、墨染駅の方が近い。このあたり、電車は下町を走り抜けていく。

西から近づいてきた近鉄京都線とクロスすると、そのまま「丹波

橋」駅に到着。近鉄との接続駅で、特急も停車する。かつては、近鉄と同一ホームで、奈良～三条、宇治～近鉄京都など相互乗り入れが行われていたが、1968（昭和43）年に、隣接する近鉄の独立駅舎が完成した。

近鉄線ときれいな平行線を保ったまま、伏見の街の中心へ。電車は「伏見追手町筋商店街」の入口をかすめて「伏見桃山」駅のホームに滑り込む。商店街から南に入ると、「龍馬通り商店街」や「寺田屋」に行ける。東は伏見桃山陵へ続く参道だ。

伏見桃山駅をでると、電車は大きく右にカーブ。伏見の街を回り込むようにして「中書島《ちゅうしょじま》」駅に到着。特急も停車する宇治線との接続駅だ。「月桂冠大倉記念館」や十石舟《じっこくぶね》の乗り場へは、この駅が便利だ。

伏見桃山駅は、商店街入口のすぐ隣り。

中書島の手前で、宇治川派流を渡る。

春の絶景。桜と酒蔵の街で舟旅が楽しめる。

大阪との水運の拠点となった伏見港は、豊臣秀吉が伏見城を築城する際につくられた河川港。「三栖閘門」は、伏見港と宇治川との水位差を調整するために、明治初期に設けられた。

中書島を出ると、左手に淀川舟運に大きな役割を果たした「三《み》栖《す》閘門《こうもん》」を望み、宇治川に沿って、田園風景のなかを京阪で最も駅間距離の長い区間を走る。左手に「京都競馬場」が見えてくると、「淀」駅だ。淀駅を発車するとすぐ、今度は右手に「淀城」の石垣が見える。

京都府の南部、現在の伏見区、宇治市、久御山町にまたがる場所に「巨椋池（おぐらいけ）」という広大な池が存在した。豊臣秀吉の伏見城築城期の築堤などの土木工事によって姿を変え、最終的には昭和初期に行われた干拓事業によって農地に姿を変えた。中書島の「島」は、巨椋池に浮かぶ島だったことの名残といわれている。

(上)ＪＲＡ京都競馬場は、最寄駅から淀競馬場とも呼ばれる。2023年にリニューアルした。
(下)淀城跡公園から見える京阪電車。戦国期の城はここより北に築城。豊臣秀吉が淀殿の産所として修築したが、伏見城築城で廃城に。

(上)石清水八幡宮駅
(下)石清水八幡宮参道ケーブル。対を成す二両のケーブルカーは「あかね」「こがね」の愛称が付けられている。

宇治川と木津川を隔てる堤防「背割堤《せわりてい》」につづく、約1．4㎞の桜のトンネル。同じ地区にある「さくらであい館」の展望台から一望できる。

石清水八幡宮の八幡造という珍しい構造の本殿は、国宝に指定されている。京阪特急の鳩のヘッドマークは、石清水八幡宮で鳩が神の使いとされていることに由来するとか。

男山展望台から淀方面の眺め。北から桂川、東から宇治川、南から木津川、3本の川がここで合流する。

やがて電車は、巨大な車両基地の中を高架で走る。敷地面積94800㎡、車両収容能力320両の「淀車庫」だ。3棟の尾形車庫を核とする「京阪淀ロジスティックヤード」も開設されている。

車庫を抜けると、ゆるくカーブしながら、宇治川、木津川の二つの橋梁を渡り「石清水《いわしみず》八幡宮」駅に停車する。(特急は通過)その名の通り、日本三大八幡宮の一つ「石清水八幡宮」への参道ケーブル(男山《おとこやま》ケーブル)との乗換駅である。ケーブル八幡宮口駅からケーブル八幡宮山上駅までを約3分で結んでいる。

次は、京都府内最後の駅「橋本」。駅西側では、京街道の宿場町の面影が残る古い町並みを目にできる。

電車はこの後、樟葉《くずは》、枚方市《ひらかたし》、寝《ね》屋川《やがわ》、門真市《かどまし》、守口市を経て大阪に入り、京橋、天満橋、北浜に停車して、終点の淀屋橋に着く。

宇治線（中書島〜宇治）

中書島駅から出発する宇治線の電車は、すべて4両編成の普通。昼間は10分間隔で全列車線内折り返し運転となっている。

中書島を出た電車は、宇治川沿いに東へ向かう。近鉄線を潜って「観月橋《かんげつきょう》」駅に停車。ふたたび動き出すと老舗温泉旅館「月見館」の横を通る。

次の「桃山南口」駅は、かつては「御陵前」という名前だった。京阪の駅では、最も伏見桃山陵に近い。

宇治線でいちばん乗降客の多い「六地蔵」駅を出ると、電車は大きくカーブして、進路を南に変えて、「木幡《こわた》」駅に。東を走るＪＲ奈良線の木幡駅は「こはた」だが、京阪は「こわた」と読む。

ＪＲと京阪の線路は徐々に近づいてきて、「黄檗《おうばく》」駅でそれぞれの駅舎が南北に並ぶ。ここから1キロほどはぴったり寄り添って並走する。旅客獲得競争が激しいエリアだ。黄檗に「黄檗山萬福寺《おうばくさんまんぷくじ》」がある。中国式の異国情緒あふれる禅寺だ。

黄檗を出るとすぐ、右手に赤いレンガの塔が見える。これは陸上自衛隊の宇治駐屯地にある給水塔で、現在は資料館になっている。

電車がＪＲ線から少し離れ、住宅街のなかを宇治川に近づいていき、「三室戸《みむろど》」駅に停車する。紫陽花で有名な「三室戸寺《みむろとじ》」へは、この駅から歩いて15分ほどで、季節になると多くの人が訪れる。

宇治川のほとりに佇む老舗温泉旅館「桃山温泉 月見館」。

（右上）六地蔵駅を出て、木幡に向かう京阪電車。
（右）黄檗駅のホーム
（下）萬福寺の天王殿に安置されている布袋尊像は、都七福神のおひとり。

西国三十三カ所巡礼の十番として多くの人が訪れる「三室戸寺」。庭園に四季折々の花が咲き誇る、京都随一の花の寺だ。

（右上）宇治駅に到着する電車。（右下）宇治駅の駅舎は、円を基調としたもので、南海の特急「ラピート」のデザインも手がけた建築家・若林広幸の設計による。（上）源氏ファンなら一度は訪れたい「源氏物語ミュージアム」。「宇治十帖」の世界をわかりやすく紹介するほか、テーマごとに分かれた展示で、源氏物語の魅力を体感できる。（上左）「宇治上神社」は、平等院の鎮守社として長く崇拝されてきた。

（上）宇治はお茶の町。老舗専門店や抹茶スイーツの店が軒を連ねる。
（下）宇治川に架かる宇治橋の西詰にある「紫式部像」。源氏物語の最後の十帖が宇治を舞台にしていることを記念したもの。

平安の栄華を今に伝える「平等院」。観音堂の横に設けられた藤棚いっぱいに、約1万本の藤が咲き競う。（平等院提供）

宇治川左岸にある終点の「宇治」駅には、三室戸駅から2分ほどで着く。再び近づいてきたJR線が駅の南側をかすめていく。1995（平成7）年、リニューアルされた駅舎はユニークなデザインで、翌年私鉄駅としては初のグッドデザイン賞を受賞している。「源氏物語ミュージアム」「宇治《うじ》上神社《がみじんじゃ》」など宇治散策の玄関口であり、対岸の「平等院」も宇治橋を渡って徒歩10分ほどだ。

京津線
（御陵〜びわ湖浜大津）

かつては京阪三条と浜大津（現・びわ湖浜大津）を結んでいた京津線は、地下鉄東西線開通とともに相互乗り入れとなり、現在は太秦天神川〜びわ湖浜大津間の直通運転となっている。

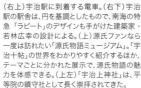

京阪電鉄のあゆみ

京都〜大阪間には、1876（明治9）年、淀川右岸（西側）に官営鉄道（現在の東海道本線）が開通したが、運賃が高く、貨客輸送の主流は淀川の蒸気船だった。

1900年代になると、淀川左岸（東側）の京街道に沿って京都と大阪を結ぶ電気鉄道の建設計画が立てられた。「日本資本主義の父」渋沢栄一ら東京の実業家グループと関西の財界人が合流して、1903（明治36）年、畿内電気鉄道を発起。1905（明治38）年9月の創立委員会で、「京阪電気鉄道」に名称変更するとともに電力事業を兼業することが決定された。1906（明治39）年8月に軌道敷設の特許が下り、11月に創立総会を開催し京阪電気鉄道株式会社が設立された。

1908（明治41）年10月に建設工事が開始され、1910（明治43）年3月に軌道の敷設が完了。翌月、大阪・天満橋〜京都・五条（現・清水五条）間が開業した。当初は併用軌道や急カーブに苦労したものの、技術開発で克服。後に「技術の京阪」と呼ばれるようになる。また、香《こう》里園《りえん》遊園地《ゆうえんち》で菊人形展を開催するなどの旅客誘致にも力を入れ、1912（大正元）年には、京阪電気鉄道の利用客数は、並走する東海道本線を上回った。

1913（大正2）年6月、宇治支線の中書島〜宇治が開業。翌1914（大正3）年5月には、京阪間ノンストップ急行電車の運行を開始。開業時の所要時間100分を60分に短縮した。この時期、電気供給事業も軌道に乗り、兼業部門の柱として育っていった。

積極経営で「京阪王国」とも呼ばれるようになった京阪は、1922（大正11）年6月、子会社として「新京阪鉄道」を設立。北大阪電気鉄道の過半数の株を取得して実権を握り、大阪側の起点を確保。1928（昭和3）年11月、天神橋（現・天神橋筋六丁目）〜京都西院（現・西院）間が開通。

昭和のはじめの恐慌で拡大路線は修正を余儀なくされるが、一方では全鋼製電車の新造を行い、関西の私鉄にロマンスカー導入競争のきっかけとなっている。

1931（昭和6）年3月、新京阪線の西院〜京阪京都（現・大宮）間に関西初の地下線が開通。

1943（昭和18）年10月、陸上交通事業調整法により阪神急行鉄道（現・阪急電鉄）と合併し、「京阪神急行電鉄」となる。さらに1949（昭和24）年12月、京阪神急行電鉄より、京阪本線、交野《かたの》線《せん》、宇治線、京津《けいしん》線《せん》、石山坂本線を譲渡される形で新会社「京阪電気鉄道」（二代）を設立。嵐山線は残り、のちに阪急京都線となる。

新生京阪には、１９５１（昭和26）年、ツートンカラー車両が登場。１９５４（昭和29）年には、テレビカーの運行が開始された。

鴨川の土手を走るテレビカー。　(PIXTA 提供)

１９６３（昭和38）年４月、天満橋から淀屋橋への地下延長線が開通。１９８７（昭和62）年５月、京阪本線の東福寺～三条間の地下化が終了。10月には、三条～出町柳間の鴨東《おうとう》線《せん》が開業し、京都市内の交通渋滞が緩和されるとともに、大阪の中心部と洛北が直結されたのだ。その後、バブル崩壊、少子高齢化、モータリゼーションの影響を受けるが、京阪はさらなる輸送力強化とサービス向上をめざした。

２０１１（平成23）年、快速特急運行開始。翌年から「洛楽」の愛称が付く。

２０１６（平成28）年４月、「京阪ホールディングス」に移行。「京阪電気鉄道株式会社」（三代）に社名変更した。

２０１７（平成29）年８月のダイヤ改正で、特急に座席指定の有料特別車両「プレミアムカー」を導入。また、平日朝に全車両座席指定の「ライナー」の運行を開始した。

●7000系

VVF 制御を採用した省エネ・省力化電車。前面デザインは6000 系を踏襲しつつ、乗務員室スペース拡大のため先頭部を直立させている。　(PIXTA 提供)

●3000系(二代目)

コンフォート・サルーンの愛称を持つ優等列車用車両。新造車両のプレミアムカーを編入。「快速特急 洛楽」としても運転。

●8000系

鴨東線開通に伴う特急車両増備用として新造し、増備した車両。プレミアムカーを連結。「快速特急 洛楽」としても運転。

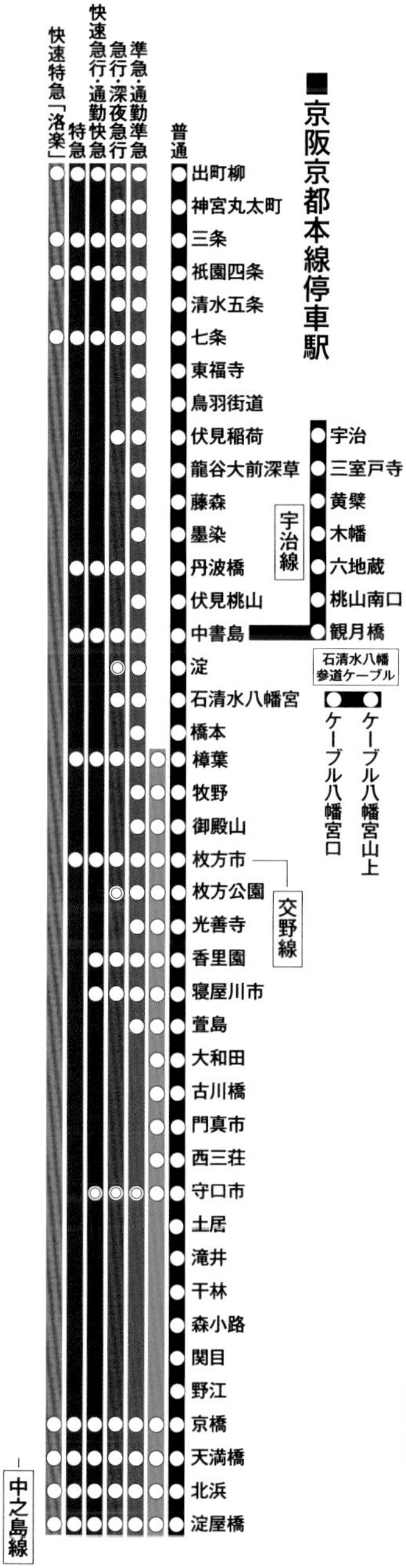

路線図

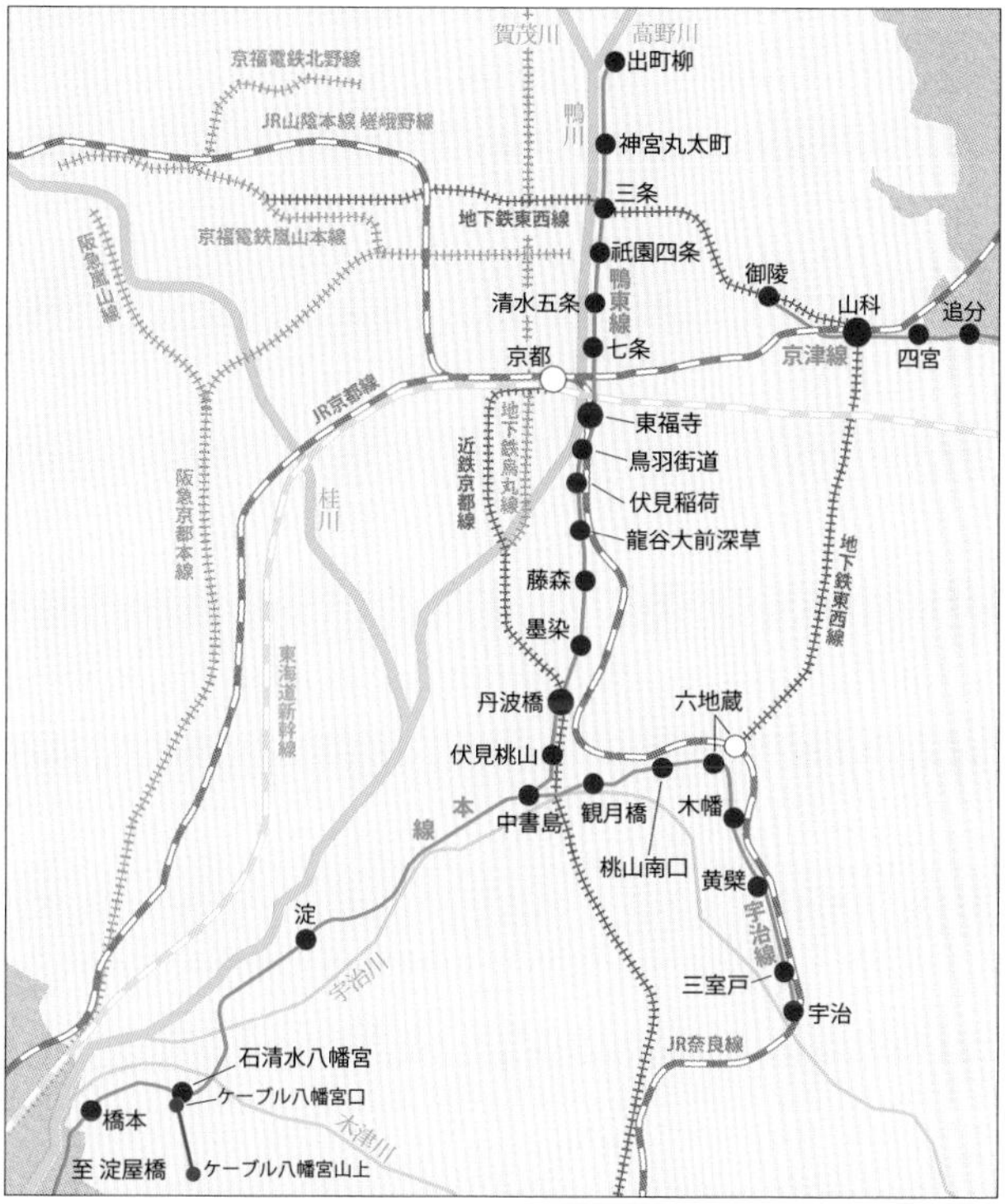

京阪電鉄の主な車両

●石清水八幡宮参道ケーブル
令和元年にデザインをリニューアル。1号車に「あかね」、2号車に「こがね」の愛称が設定されている。

●10000系
1300系の4両編成とともに、宇治線で定期運用されている。

●2200系
各駅停車用の2000系スーパーカーに続いて新造した急行用車両。経済性を重視しMT編成としている。

叡山電鉄

叡山本線（出町柳～八瀬比叡山口）
鞍馬線（宝ケ池～鞍馬）

「えいでん」と呼ばれ親しまれている叡山電車。洛北のターミナル出町柳駅を起点に、比叡山の麓・八瀬に向かう叡山本線と貴船、鞍馬へ向かう鞍馬線の2路線がある。それぞれ地元住民や学生たちの通勤・通学路線と京都でも指折りの観光地につながる観光路線の二面性を持っている。観光列車「きらら」「ひえい」の人気も高い。

基本データ

●叡山本線
開業 1922(大正11)年9月27日
駅数 8駅
路線距離 5.6ｋｍ
軌間 1,435㎜
最高速度 60km/h

●鞍馬線
開業 1928(昭和3)年12月1日
駅数 10駅
路線距離 8.8ｋｍ
軌間 1,435㎜
最高速度 60km/h

写真：八瀬比叡山口駅に到着する「ひえい」

叡山本線
(出町柳〜八瀬比叡山口)

叡山電車の起点は、京都の北の玄関口「出町柳《でまちやなぎ》」駅だ。京阪鴨《おう》東《とう》線《せん》で、市の中心部から10分足らずで接続できる。賀茂川と高野川の合流点にあり、若狭と京を結ぶ「鯖街道《さばかいどう》」の終点にあたる。駅名の出町柳は賀茂川に架かる出町橋の西を「出町」(町を出る)、高野川に架かる河合橋の東を多くの人が往来する意味の「弥な来」と呼んでいたことにあるという。駅前からは活気ある商店街が東に続き、河合橋を渡って北に行けば「下鴨神社」、出町橋を西に進むと歴史ある「出町枡形商店街」がある。

では、頭端式のホームの1番線から、叡山本線の電車に乗って八瀬に向かおう。昼間なら、15分間隔の運行だ。

出町柳を高野川に沿って走り出した電車は、東に緩やかなカーブを切る。住宅地を走り最初の停車駅「元《もと》田《た》中《なか》」に停車。東大路通を挟んで、上りと下りのホームがある。駅周辺は京大生が多く住む学生街で、北白川エリアの入口でもある。

電車は北上して次の「茶山・京都芸術大学」駅へ。江戸時代に豪商・茶屋四郎次郎の山荘があったことに由来する。京都芸術大学の最寄駅で、アーティスティックな店

(上)出町柳駅舎 (下)4面3線の頭端式ホーム。

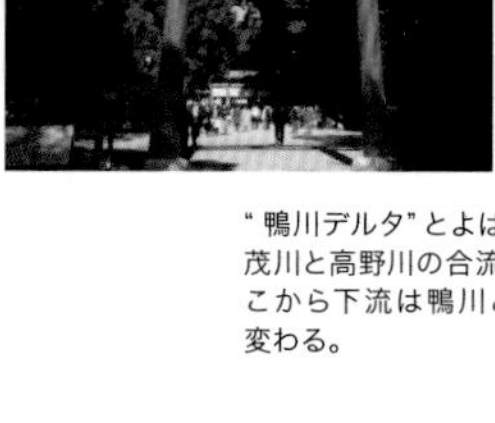

(右上)出町橋の西詰に建つ「鯖街道口」の碑。
(右下)葵祭でも知られる、世界遺産「下鴨神社」。
(下)元田中駅。東大路道をはさんで、上りと下りのホームが分かれている。

"鴨川デルタ"とよばれる、賀茂川と高野川の合流地点。ここから下流は鴨川と名前が変わる。

も多い。

　商店街を横切ったところで、「一《いち》乗寺《じょうじ》」駅に着く。一乗寺は線路を挟んで、東西で二つの顔を持っている。まずは東側。白川通りを越えると洛北の名刹や史跡が点在している。「一乗寺下り松《いちじょうじさがりまつ》」など、剣豪・宮本武蔵ゆかりの地であり、徳川家康の家臣・石川丈山が隠棲のため建立した山荘で、今は禅寺となっている「詩仙堂《しせんどう》」や境内山頂からの眺めが素晴らしい「圓光寺《えんこうじ》」などがある。

　西側は一転して生活感あふれる庶民の町。下町の学生街から生まれるカルチャーゾーンだ。また、この町はラーメン店の激戦区。「ラーメン街道」の呼び名もでき、独自

茶山駅と一乗寺駅の間にある「一乗寺公園」。

(右上)若き日の宮本武蔵が吉岡一門と決闘した地とされる一乗寺の「下り松」。(右下)ガン封じで知られる「狸谷山不動院」。(上)四季折々の庭が楽しめる曹洞宗の禅寺「詩仙堂」。

(上)よろず文化の発信地「恵文社」(下)学生が集まる「ラーメン街道」

のラーメン文化が生まれている。
　一乗寺から直進し、北山通りに出たところが「修学院《しゅうがくいん》」駅。比叡山山麓にある皇室関連施設「修《しゅ》学院《がくいん》離宮」や、天台宗五箇室門跡の一つに数えられる「曼殊院《まんしゅいん》」、延暦寺の塔頭《たっちゅう》「赤山禅院《せきざんぜんいん》」など洛北屈指の名所に近い。この駅に車庫がある。アニメファンの間では、『けいおん!』のモデルになった駅として聖地となっている。

(右)紅葉名所としても有名な「圓光寺」
(右下)「金福寺」の芭蕉庵からは、洛中が一望できる。
(左下)「えいでんまつり」が開催される修学院車庫。

（右）平安時代、修学院一帯の鎮守として創建された「鷺森神社」。
（下）紅葉が美しい「曼殊院」は、竹内門跡とも呼ばれる門跡寺院。

（上）「赤山禅院」の寒桜と紅葉（下）「修学院離宮」の浴龍池（PIXTA 提供）

「宝ケ池」駅は、叡山本線と鞍馬線の分岐駅。３面４線のホームで、東寄りの２線が叡山本線だ。かつての駅名は「山端《やまばな》」。近くに市営の競輪場があったため、元田中から市電がここまで乗り入れていた。鞍馬線の４番ホームの北側には、市電用の低床ホームの跡が今も残っている。

駅の西にある宝ケ池は、江戸時代中期に造られた灌漑《かんがい》用の貯水池だったが、今では周辺が整備され広大な自然公園として親しまれている（公園内の「こどもの楽園」が競輪場跡地）。宝ケ池で分岐して次の駅は「三宅八幡」。「三宅八幡宮」の表参道に通じているが、神社に行くには鞍馬線の八幡前駅の方が近い。

駅北の三宅橋を渡り、高野川に沿って東に歩くと、古刹「蓮華《れんげ》寺《じ》」がある。もとは七条通にあり、応仁の乱後荒廃していたものを現在の地に再興したもので、石川丈山作と伝わる庭が美しい。六角形の傘をつけた石灯籠は、蓮華寺型灯籠として知られている。

電車は東に進み、高野川を渡ると叡山本線の終着駅「八瀬比叡山口」に到着する。かつて京福電

（上）宝ケ池駅。鞍馬線との分岐。（下）宝ヶ池〜三宅八幡間を走る「ひえい」

（上）三宅橋から高野川を望む。
（下）「蓮華寺」のお堂から眺める新緑の庭。石川丈山の作と伝えられている。
（PIXTA 提供）

鉄が行楽地として開発し、駅名も「八瀬遊園」としていたが長くは続かず、今は会員制リゾートホテルが建つのみ。駅から一歩出れば、清流のせせらぎが聞こえてくる。

ここは比叡山への西の入口にあたり、ケーブルとロープウェイで山頂につながっている。川沿いに南に行けば、紅葉や青もみじのリフレクションが人気の「瑠璃光院《るりこういん》」がある。

(上)八瀬比叡山口の駅舎とあじさい。(右下)八瀬比叡山口駅ホーム。「ひえい」が待機。(左下)八瀬比叡山口とケーブル八瀬駅の間を流れる高野川沿いは、秋には色とりどりの紅葉に染まる。

(右上)ケーブル八瀬駅
(左上)叡山ロープウェイ
(下)比叡山延暦寺「横川中堂」

「瑠璃光院」は通常非公開だが、春の青もみじと秋の紅葉の時期にだけ公開される。

鞍馬線（宝ケ池～鞍馬）

宝ケ池から鞍馬線に入り、撮影スポットとしても知られる高野川橋梁を渡ると、最初の駅「八幡前」だ。三宅八幡宮の最寄駅。子供のかんの虫封《むしふう》じから病気全般の神様で、神の使いとされる鳩が随所にあしらわれている。

八幡前を出た電車は郊外の住宅地のなかにある「岩倉」駅に停

桜、紅葉の隠れた名所「三宅八幡宮」。神の使いの鳩が社のシンボルになっている。

車。岩倉地区は市街化調整地区で大規模開発ができないため、一戸建て住宅や集合住宅が多い。北へ20分ほど歩けば、「床もみじ」（撮影不可）で知られる門跡寺院「実《じっ》相院《そういん》」や、岩倉具視が幽棲した旧宅がある。大久保利通や坂本龍馬も訪れ、王政復古の密儀を行ったという。

　電車は「木野《きの》」駅へ向かう。木野駅の近くには、顕本法華宗総本山「妙満寺《みょうまんじ》」がある。境内にはインド式の仏舎利塔が建ち、比叡山を借景《しゃっけい》にした「雪の庭」や、紀州道成寺「安珍清姫《あんちんきよひめ》ゆかりの鐘」で知られている。桜、ツツジ、紅葉など四季折々の景色も楽しめる。

枯山水と池泉回遊式の2つの庭園があり、桜や紅葉の名所として知られている。特に、客殿の床に映る「床もみじ」が有名。（実相院提供）

（左）二軒茶屋駅。南西に京都産業大学がある。
（右下）京都精華大学と駅を結ぶ跨線橋。イタリア人建築家・パラディオが残した原型を再現した。
（左下）鞍馬街道沿いの高台に建つ「補陀落寺」

「妙満寺」に一歩足を踏み入れると、燃えるような紅葉が降り注ぐよう。

　1989（平成元）年に完成したモダンな駅舎の「京都精華大前」駅。跨線橋《こせんきょう》で結ばれた大学は、日本で最初にマンガ学部を設けたことで知られている。

　昔、鞍馬街道沿いに2軒の茶屋があったことに由来する「二軒茶屋」駅からは、京都産業大学へのシャトルバスが発着する。二軒茶屋から先は、50‰の勾配が続く山岳路線となる。鞍馬へと山中深く分け入っていくのだ。

　複線時代の旧ホームが残る「市《いち》原《はら》」駅。小野小町が余生を過ごしたと伝わる「補陀洛寺《ふだらくじ》」に近い。ここから電車は、有名な「もみじのトンネル」へと進んでいく。

約250m の区間が280 本ほどのイロハモミジやオオモミジに囲まれる「もみじのトンネル」。紅葉が車窓いっぱいに広がる。電車の外からは見られない絶景だ。展望列車「きらら」に乗車できればさらに楽しい。

ゆるやかにカーブを切りながらもみじのトンネルを抜けると、高台に山小屋風の待合室のある「二ノ瀬」駅に着く。ここでは、列車交換が行われる。駅の下には、鎌倉街道沿いに開けた集落があり、懐かしい山里の風景を目にすることができる。

貴船口駅に到着する「きらら」が、紅葉の向こうに見える。

(上)森の中にひっそりたたずむ二ノ瀬駅の待合室。(下)青もみじの季節には、メイプルグリーンの「きらら」(期間限定)が良く似合う。

二ノ瀬を出た電車は、鞍馬川に沿ってカーブしながら、山中を走り高度を稼ぎ、真下に貴船川が流れる「貴船口」駅に到着。貴船神社で知られる京都の奥座敷貴船への玄関口だ（貴船は、駅名、地名は「きぶね」、貴船神社は「きふね」と発音する）。

貴船へは、ここからバスで上流へ10分くらい。貴船神社へはさらに数分歩く。駅から歩くと30分ほどだ。

車窓に北山杉を見ながら急勾配を上ると終着の「鞍馬」駅。出町柳から30分といったところだ。

1929（昭和4）年築の重層入母屋様式の木造駅舎にはつい見とれてしまう。そして、外に出ると大きな天狗のオブジェが迎えてくれる。昔ながらのみやげもの店や茶店が並ぶ門前町を5分ほど歩くと、鞍馬寺の仁王門が見えてくる。

鞍馬は源義経が幼少期を過ごした場所。まずは、お寺が運営する日本一短いケーブルカーに乗って多宝塔をめざそう。

(上)貴船神社は全国に約500社ある水神を祀る貴船神社の総本山。京都有数のパワースポット、縁結びの地としても人気。(右下)川床で知られる旅館街。(左下)貴船神社の七夕笹飾り。

貴船神社から鞍馬寺へ抜ける木の根道と呼ばれるハイキングコースがある。途中には、「義経堂」や「奥の院魔王殿」が。
(PIXTA 提供)

(上)山頂の鞍馬寺本殿。
(下)鞍馬の里が火の粉に包まれる、鞍馬の火祭。(PIXTA 提供)

(上)鞍馬駅。趣のある木造駅舎で、第1回近畿の駅百景に選ばれた。
(左)鞍馬寺仁王門。宗派を問わない信仰として、万人に開放されている。

叡山電鉄のあゆみ

京都市民が待ち望んでいた比叡山への鉄道計画が動き出したのは、1918（大正7）年だった。嵐山電鉄線を経営していた京都電燈が叡山電鉄線を計画し、1922（大正11）年11月に免許を取得。出町柳～八瀬（現・八瀬比叡山口）間と比叡山へのケーブルを開業した。

一方、鞍馬への鉄道は、1927（昭和2）年6月に設立された鞍馬電気鉄道が、翌年12月に山端（現・宝ケ池）～市原間で開業。1929（昭和4）年に山端～鞍馬間が全通した。

1942（昭和17）年、京都電燈の鉄道部分が独立して京福電気鉄道を設立。鞍馬電気鉄道も合併し、叡山線、鞍馬線ともに京福電鉄の所有となった。

1972年当時の貴船口駅（田中義人氏提供）

京福叡山線は観光やレジャーの足として賑わいを見せる。1960年代にピークを迎え、1964（昭和39）年度には911万人を輸送する。しかし、道路やバス路線の整備の影響や、1978（昭和53）年に京都市電が全廃され他の鉄道路線との連絡がなくなったことにより、乗客数は激減していった。

経営再建のため、京福は全額出資して設立した叡山電鉄への路線譲渡に踏み切る。また、三条～出町柳間を整備すべく京阪との共同出資で設立した鴨川電鉄株も京阪に譲渡した。

1989（平成元）年、京阪電鉄三条～出町柳間を鴨東線として開業。京阪線と連絡し、市の中心部とつながった叡山電鉄線は、乗客が2倍に増えた。

それでも赤字の解消とはならず、1991（平成3）年、京福は叡山電鉄の株60％を京阪に譲渡。さらに2002（平成14）年に残りの株も譲渡し、京阪電鉄（現・京阪ホールディングス）の完全子会社として再出発した。

展望車両「きらら」に続いて、2018（平成30）年には、観光車両「ひえい」が運転を開始している。

叡山電鉄の車両

● 900系（デオ900形）

1997年10月に登場。展望列車「きらら」の愛称がついている。沿線の移り変わる風景を満喫しながら旅気分を楽しめるよう大きなテラスを採用。一部の座席は窓側を向けて配置している。901-902号車は「メープルオレンジ」、903-904号車は「メープルグリーン」（期間限定）で、ともに「もみじ」をイメージした塗装となっている。

● 800系（デオ800形）

編成ごとに違う帯色を採用。801-851号車は「山並みをイメージした緑」、802-852号車は「鞍馬の雲珠桜をイメージしたピンク」となっている。

● 800系（デオ810形）

外観はデオ８００形とほぼ同じだが、この形式には車両ごとに主制御器があり、それぞれ４個の主電動機を制御する。815-816号車は「こもれび」デザインで運転している。

● 700系（デオ710形）

叡山電車初の冷房車で、当初よりワンマン運転用として設計。外観は「比叡山の神秘的な森を表現した緑色」と「人と森が調和する沿線の風景を表現した緑色」がある。

● 700系（デオ720形）

当初は「吊り掛け駆動方式」だったが、後に「カルダン駆動方式」に改造し、空気バネ台車となり乗り心地も向上している。

● 700系（デオ730形）

デオ730形車両は1988年12月に登場。732号車は大幅な改良工事を行い、2018年3月21日より、観光列車「ひえい」として運転している。731号車は、叡山本線開業90周年を記念して「ノスタルジック31」として運行した後、リニューアル工事を実施。2024年2月22日より「ノスタルジック731改」として運行している。

※車両写真はすべて叡山電鉄株式会社提供

路線図

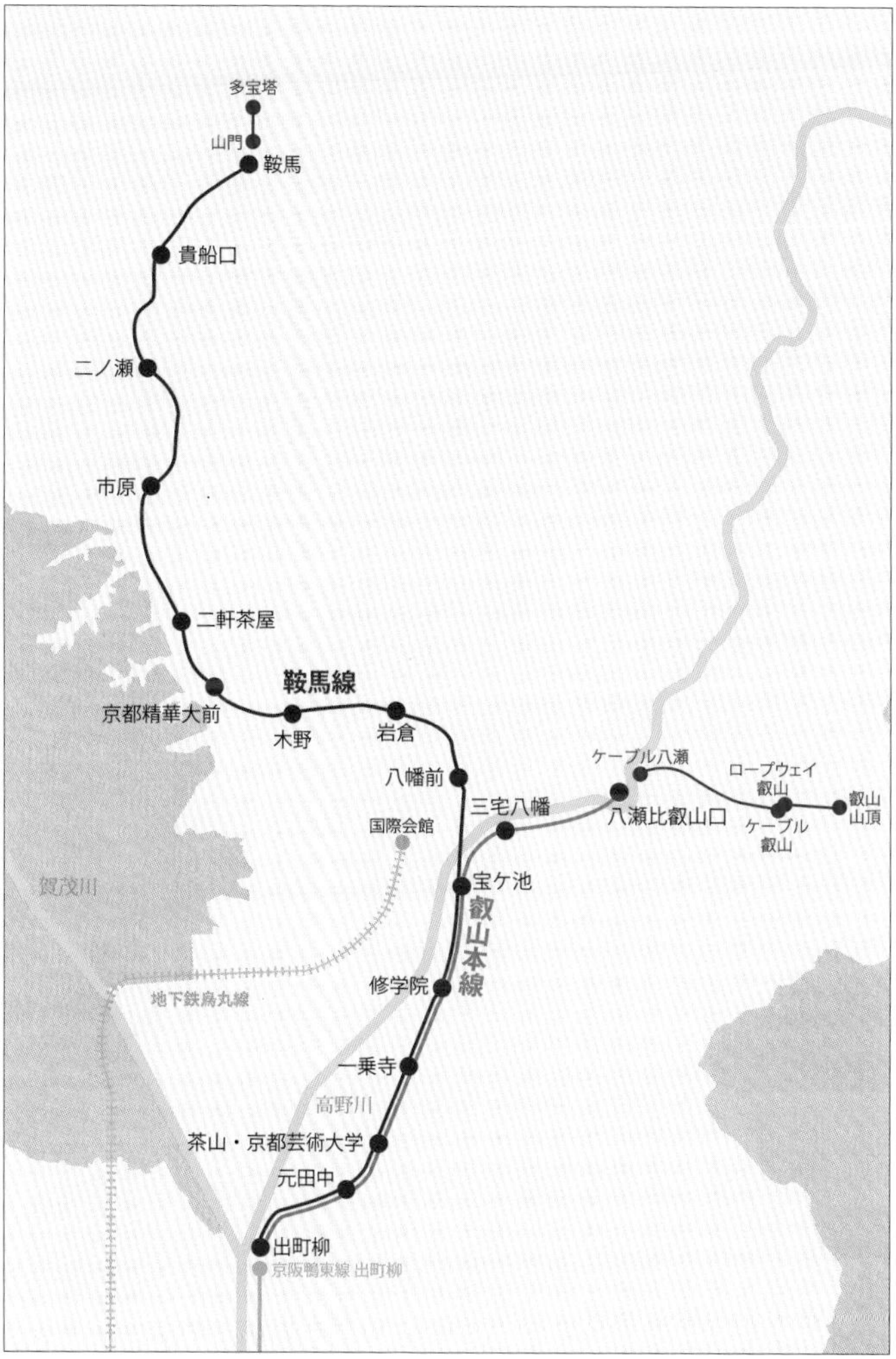

えいでん

■お得な乗車券

●叡山電車1日乗車券
「えぇきっぷ」

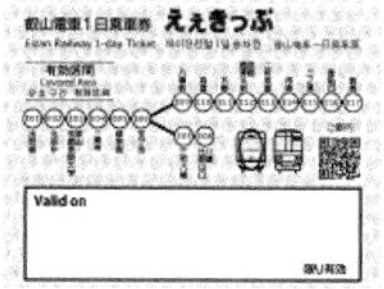

●京都一乗寺らーめん切符

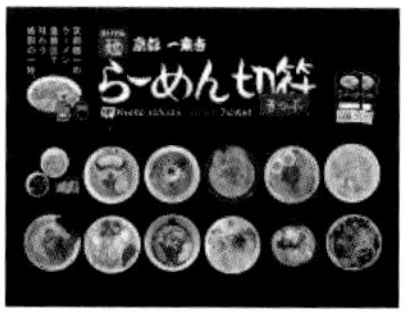

●京都洛北・森と水のきっぷ

●叡山電車・京阪電車
１日観光チケット
※京阪電車で発売

嵐電（京福電気鉄道）

嵐山本線（四条大宮～嵐山）
北野線（帷子ノ辻～北野白梅町）

京都市内中心部から、
観光名所・嵐山へとのんびり走る「嵐電《らんでん》」。
全長11㎞の短い路線ながら
沿線には世界遺産からなにげない日常まで
さまざまな京都が待っている。
車内は地元住民と観光客が混在する魅力の空間。
知らない人同士の会話も自然と弾む。

基本データ

●嵐山本線
開業 1910（明治43）年3月25日
駅数 13駅
路線距離 7.2 km
軌間 1,435㎜
最高速度 40km/h

●北野線
開業 1925（大正14）年11月3日
駅数 10駅
路線距離 3.8 km
軌間 1,435㎜
最高速度 40km/h

写真：広隆寺仁王門前を走る嵐電

嵐山本線（四条大宮～嵐山）

嵐電嵐山本線の始発駅「四条大宮」は、交差点の南西角、阪急京都線大宮駅のはす向かいのオフィスビルの1階にある。3面2線の頭端式《とうたんしき》ホームで、改札からすぐに電車に乗れる。

吊掛式《つりかけしき》の独特な音を立てて発車した電車は、ゆっくりと西に走る。線路の南側は、幕末に新選組の屯所《とんしょ》があったところで、かつては「壬生《みぶ》」駅があった。四条通を横断し、右手に西院車庫《さいいんしゃこ》が見えてくると、次の「西院」駅に到着。平安時代に純和天皇の離宮があったことに由来する名前だ。阪急の西院駅は「さいいん」と言うが、嵐電ではこのあたりが風葬の地で「賽《さい》の河原」と呼ばれていたことから「さい」と呼んでいる。大宮からわずか3分ほど、1・4キロだが、嵐山本線では一番長い駅間距離である。

西院から電車は北に方向を変え、六角通を越えて左にカーブすると「西大路三条《にしおおじさんじょう》」駅。嵐山方面行きはホームがあるが、大宮方面行は片側2車線（線路が1車線分）の路面区間に安全地帯を設けている。

西大路三条を過ぎると併用軌道区間に入り、警笛を響かせながら電車は三条通の真ん中を進む。車両がきれいに撮影できるスポットだ。右手に「島津製作所」を見ながら、道路上の「山ノ内」駅

（上）オフィスビルの1階が嵐電四条大宮駅。（下）四条大宮駅は、3面2線の頭端式ホーム。

住宅の中にある車両基地「西院車庫」。整備中の車両や予備車が並んでいる。

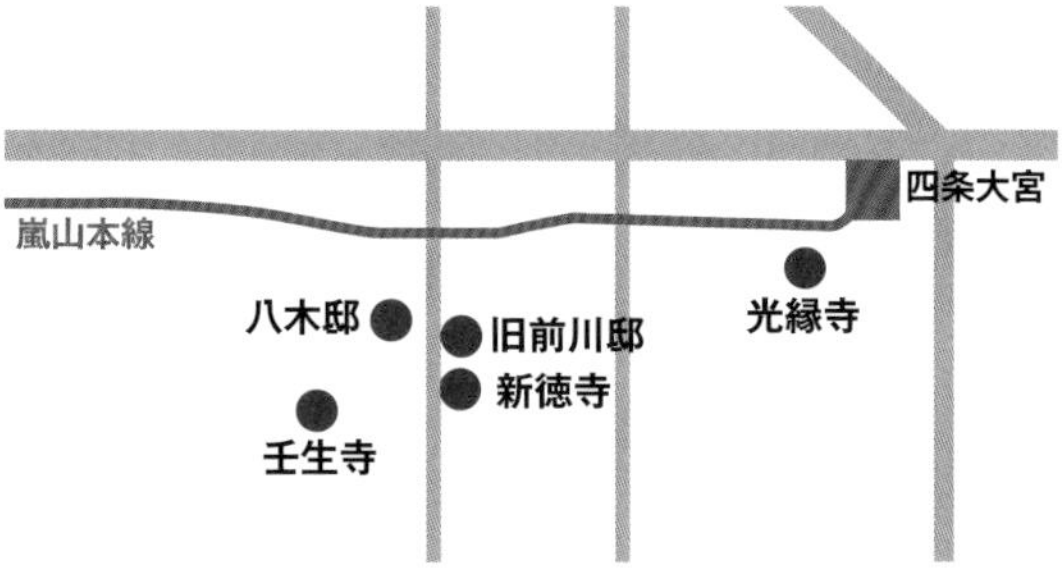

【新選組の足跡を辿ってみよう】

1863（文久3）年から約3年間、新選組はこの場所を拠点にしていた。芹沢鴨が斬殺された八木邸の奥座敷には、刀傷が残っている。

（上）西大路三条駅を出て、島津製作所前を走る電車。
（左）山ノ内駅。上りと下りに安全地帯が設けられている。

に到着。ここは上りと下りとも安全地帯が設置されているのみ。しかも幅は60㎝くらいと狭い。乗客は、歩道で待ち、電車が到着してから、車道の赤信号を確認して電車に乗り込むのだ。

　次の「嵐電天神川」駅は、京都市営地下鉄東西線の延伸開業に伴い、終点の太秦天神川駅との乗換駅として、2008（平成20）年3月に誕生した（嵐電の乗客数も増加）。このため、次の「蚕《かいこ》ノ社《やしろ》」駅までは200mほどしかない。駅名となっている「蚕ノ社（木嶋神社《このしまじんじゃ》）」は養蚕《ようさん》機織《はたおり》などの技術を持っていた渡来系豪族の秦氏《はたうじ／はたし》が創建したものだ。

　蚕ノ社駅からは専用軌道に入り、「太秦広隆寺《うずまさこうりゅうじ》」駅に着く。商店や民家が迫るホームからは、立派な山門が見えるが、これが広隆寺。603（推古11）年、秦氏の氏寺として建立された京都最古の寺である。その奥には東映太秦映画村がある。

　関東大震災後、関東の映画会社が京都に拠点を移したことから、太秦を中心とする一帯には撮

（上）地下鉄との連絡する嵐電天神川駅。（中）電車は、蚕ノ社の石の鳥居のすぐ横を走る。（下）蚕ノ社の本殿左手には元糺の池があり、鳥居を三本組み合わせた珍しい三本鳥居が建っている。

影所が10か所以上建ち並び、日本のハリウッドとも呼ばれた。

電車は広隆寺門前のわずかな併用区間を走ると、再び専用軌道に入り、北野線との乗換駅「帷子《かたびら》ノ辻《つじ》」に停車する。京都難読駅名のひとつだ。太秦広隆寺から帷子ノ辻までの約700mを線路とほぼ並行して「大映通り商店街」が続いている。歩道は映画フィルムをイメージした舗装、街灯はカメラの形。スーパー前には高さ5mの「大魔神」が立っている。

北野線については後でふれるとして、本線を先へ進むと、次の駅は「有栖川《ありすがわ》」。かつては「嵯峨野」駅だったが、1975（昭和50）年に、近くを流れる有栖川にちなんで改称された。有栖川は斎川とも呼ばれ、伊勢神宮に奉仕する皇女（斎宮《さいくう》）が身を清める川だった。

大映京都撮影所で制作された「大魔神」。イベント用に制作された像を、まちのシンボルにと修復した。

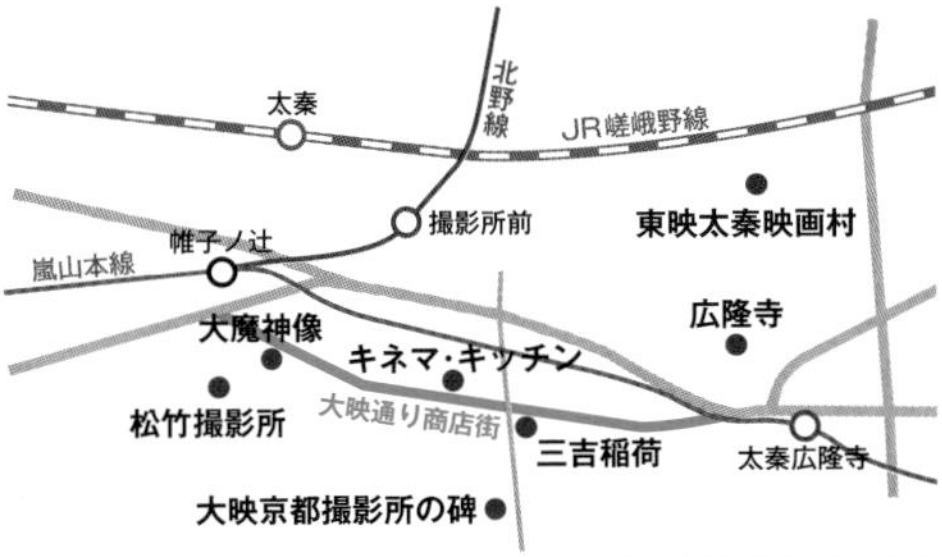

(上)「太秦広隆寺」駅は、開業当時は聖徳太子建立の広隆寺にちなみ「太子」駅と呼ばれていた。(左)商店街の真ん中にある「シネマ・キッチン」。弁当や手作り料理が豊富に揃うほか、年代物の映写機や古い映画の台本が並んでいる。

帷子ノ辻駅は、ビルの1階が駅という構造になっている。

朱塗りのホーム柱が建つ車折神社駅のすぐ南側はもう車折神社の境内。本殿までは1分もかからないほどだ。

次に電車が停車するのは、神社のすぐ前。これも難読駅の一つ「車折神社《くるまざきじんじゃ》」だ。車折という地名の由来は、後嵯峨天皇が大堰《おおい》川《がわ》に行幸されたとき、桜の宮と呼ばれていた社前で牛車の轅《ながえ》が折れてしまったことによる。

桜の名所としても知られるが、境内末社の「芸能神社」は、芸能関係者の信仰が厚く、朱塗りの玉垣に好きな芸能人の名前を見つけ、その前で写真を撮る人も多い。車折神社でJR嵯峨野線に近づいた電車は、そのまま次の「鹿《ろく》王院《おういん》」駅へ。北側に公団住宅が建設されたため、1956(昭和31)年に誕生した駅だ。駅から徒歩3分の「鹿王院」は、1380(康暦2)年に足利義満が建てた禅寺で、山門から眺める石畳の参道の紅葉は秋の穴場スポットになっている。

　緑に包まれた旧跡が点在しつつも民家が建ち並ぶエリアを走り、電車は「嵐電嵯峨」駅に到着する。すぐ北にある国鉄(当時)の駅が「嵯峨」だったため、かつては「嵯峨駅前」と名乗っていたが、1994(平成6)年にJRが「嵯峨嵐山」に改称したため現在の駅名になった。二つの駅間は、駅前商店街になっている。また、駅の南には「安倍晴明《あべのせいめい》公嵯峨墓所」がある。

　そしていよいよ、電車は終点「嵐山」に到着だ。友禅をアクリルで包んだポールに迎えられて、ホームに滑り込む。「嵐山駅はんなり・ほっこりスクエア」として、2013(平成25)年にインテリアデザイナー森《もり》田《た》恭通《やすみち》氏によってリニューアルされたものだ。中央ホームには嵐山温泉「駅の足湯」があり、駅の屋上も開放され、嵐山の360度の景観が楽しめる。

　嵐山には、阪急とJRが乗り入れているが、一番の中心地に駅があるのが嵐電。「渡月橋」から「時雨殿」、「天龍寺」から「竹林の小径」、「野宮神社」へ。嵐山観光への出発点としては最高のロケーションだ。

鹿王院の山門から続く石畳の参道は、秋には紅葉のトンネルとなる。

(上)嵐山駅の屋上から、到着する電車を望む。(中右) 電車を迎える友禅のポール。(中左)はんなり・ほっこりスクエア (下)天龍寺の曹源池庭園。日本初の史跡・特別名勝指定。

北野線
（帷子ノ辻〜北野白梅町）

今度は、「帷子ノ辻」駅から北野線に乗ってみよう。③④のりばから、10分間隔で折り返し運転をしている。

非常ベルのような発車ベルが鳴って電車が動き出すと、わずか1分で「撮影所前」に停車。2016（平成28）年、JR嵯峨野線との乗り換えの利便性をはかるために、東映京都撮影所に近い自社の遊休地に設置された駅で、「太秦」駅まで約200mだ。

撮影所前を出た電車は、JR嵯峨野線の高架を潜って北に進み、「常盤《ときわ》」駅へ。常盤の地名は、この地に山荘を構えた嵯峨天皇の皇子・源常《みなもとのときわ》に由来する。

電車は、40‰の急勾配を上って「鳴滝」駅に到着。北野線は基本単線だが、常盤から鳴滝間のみ複線となっている。駅は構内踏切で2つのホームが結ばれていて、歩行者の抜け道にもなっている。

鳴滝駅から次の「宇多野《うたの》」駅の間には、約200mにわたり桜並木がつづいており、春には目の覚めるような「桜のトンネル」が出現する。1926（昭和元）年、嵐電の全線開通を記念して、沿線住民の寄贈により

撮影所前駅は、開業当初よりバリアフリーに対応。電車とホームとの段差がない。

常盤駅から近い「源光寺」は、源義朝の側室で、義経の母である常盤御前の生誕地。六地蔵巡りの結願寺でもある。

常盤駅のすぐ北を走る丸太町通。

鳴滝駅は電車の行き違いが行われる駅の一つ。

(右)桜のトンネルでは、例年期間限定でライトアップが行われていたが、２０２０年度からは桜のメンテナンスのため当面の間中止となっている。

(下)宇多野駅のホームは、1982年のワンマン式化に際し、現在の帷子ノ辻行きホームが設けられた。

(上)御室仁和寺駅のホームからは、北側に仁和寺の仁王門が見える。(左)駅舎正面には、改称された後も「驛室御」と旧字体で右横書きの旧駅名が掲げられている。

線路の両側に植えられたソメイヨシノ約85本が咲き誇る。

宇多野駅の西を走る国道162号線は、周山街道《しゅうざんかいどう》へと続く鯖街道の一つ。仁和寺《にんなじ》を創建した宇多天皇の母・班子女王《はんしじょおう》を祀った「福王子神社《ふくおうじじんじゃ》」を経て、神護寺や高山寺のある高雄や北山杉の里を抜けて、日本海側へ至る。

宇多野から進路を東に変えた電車は、すぐに次の「御室仁和《おむろにんな》寺《じ》」駅に。その名の通り、遅咲きの桜で有名な、世界遺産・仁

御室仁和寺駅の南側にある、昭和初期に建てられた近代和風住宅「旧邸御室」。国指定名勝「双ヶ岡」の斜面を利用した池泉回遊式庭園があり、高台の主屋や茶室などが国登録無形文化財になっている。

きぬかけの路

仁和寺の前から龍安寺を経て金閣寺へとつづく「きぬかけの路」は、3つの世界遺産を巡る全長約2.5㎞の観光道路となっている。

(右1段目)石庭が有名な龍安寺。
(右2段目)臨済宗天龍寺派の禅寺・等持院。夢窓疎石を開山とし、足利尊氏によって創建。
(右3段目)妙心寺は、臨済宗妙心寺派の総本山。法堂の雲龍図は必見。

京都の遅咲きの桜の代表、仁和寺の「御室桜」は4月中旬に見ごろを迎える。

(上)2021(令和3)年にリニューアルされた北野白梅町駅。
(下)北野天満宮は北野白梅町駅から今出川通を東に歩いて7分ほど。1958(昭和33)年まではもう一駅、天満宮近くまで路線があったが、市電の延伸で現在の北野白梅町駅(当時は白梅町駅)が終点となった。
(北野天満宮提供)

和寺の最寄駅で、1925（大正14）年に「御室」駅として開業、2007（平成19）年に現在の駅名に改称された。京都に本社がある電気機器メーカー「オムロン」はこの地名が由来である。

次の「妙心寺」駅を降りると、日本最大の禅寺・妙心寺の北総門がすぐそば。

石庭で有名な龍安寺《りょうあんじ》は、「龍安寺」駅から住宅地の中を歩いて10分ほどだ。

龍安寺駅からわずか200mで、「等持院《とうじいん》・立命館大学衣笠キャンパス前」駅。2020（令和2）年に等持院駅から改称されて、当時は日本一長い駅名であった。足利尊氏の墓所でもある等持院や立命館大学に近い歴史と文化のエリアである。

そして北野線の基点となる「北野白梅町」駅。今出川通と西大路通が交わる北野白梅町交差点の西側にある。2021（令和3）年に、市バスが発着する新駅舎にリニューアルされている。

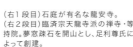

嵐電のあゆみ

京福電気鉄道という社名から間違われやすいが、京都と福井を結ぶ鉄道計画があったわけではない。ではなぜ「京福」なのか。「嵐電」という愛称はどこから？ 菱形の社章の意味は？ そのあゆみから探ってみよう。

嵐電の歴史は、1910（明治43）年に「嵐山電車軌道」が、京都（現・四条大宮）から嵐山間で開業したことに始まる。「嵐電」という略称はこの社名に由来する。

1918（大正7）年、電車運行の余剰電力供給の権利を持っていた嵐山電車軌道は、福井を基盤とする電力会社で、電鉄事業にも乗り出していた「京都電燈」に合併される。現在の菱形電紋《ひしがたでんもん》社章は、このときから使われているものだ。

その後も、京都電燈は叡山電鉄（現・叡山電鉄叡山本線）・叡山ケーブルの建設や福井の鉄道会社の買収を進め、嵐電でも1925（大正14）年に北野線を開業させるなど鉄道事業を拡大していった。

1942（昭和17）年に京都電燈から分離独立した「京福電気鉄道」は、京都電燈が京都と福井で行っていた鉄道事業を引き継ぐ。「京福」という社名はここに由来している。

1985（昭和60）年以降は、叡山本線・鞍馬線を叡山電鉄へ営業譲渡するなど合理化が進められ、2003（平成15）年に福井地区の鉄道事業がえちぜん鉄道に譲渡されると、「京福」の「福」はなくなってしまった（グループとして、福井県の不動産事業は残っている）。

近年は、JR、阪急、市営地下鉄、市営バスとのネットワーク強化などのさまざまな改善が進められた。

広隆寺前を走る嵐電。1972（昭和47）年（田中義人氏提供）

2007（平成19）年には、「嵐電」が公式愛称に。また、7つの駅名を名所旧跡の名に変更し、観光路線としてのわかりやすさを向上させるとともに、駅を沿線地域とより近いものとした。

2009（平成21）年、江ノ島電鉄と姉妹提携し、江ノ電カラーに装飾された「江ノ電号」が運行開始。（江ノ電では、嵐電カラーの「嵐電号」が走ったが、現在は運行されていない）

嵐山本線が開業100周年を迎えた2010（平成22）年には、車体色に伝統色の「京紫《きょうむらさき》」が導入され、人気となっている。

京福電気鉄道の車両

●モボ５０１形　(京福電気鉄道株式会社提供)

●モボ６１３形

●モボ６２１形

●モボ６３１形

●モボ２１形

●モボ２００１形　(京福電気鉄道株式会社提供)

●新型車両「KYOTRAM」導入予定

「KYOTRAM」のカラーリングは嵐電のイメージカラー「京紫色」がベースとなっている。デザインは叡山電鉄の観光列車「ひえい」のデザインでも知られるGK デザイン総研広島が担当し、昔の嵐電の車両や路面電車をオマージュした曲線的なフォルムが特徴となっている。

(京福電気鉄道株式会社提供)

路線図

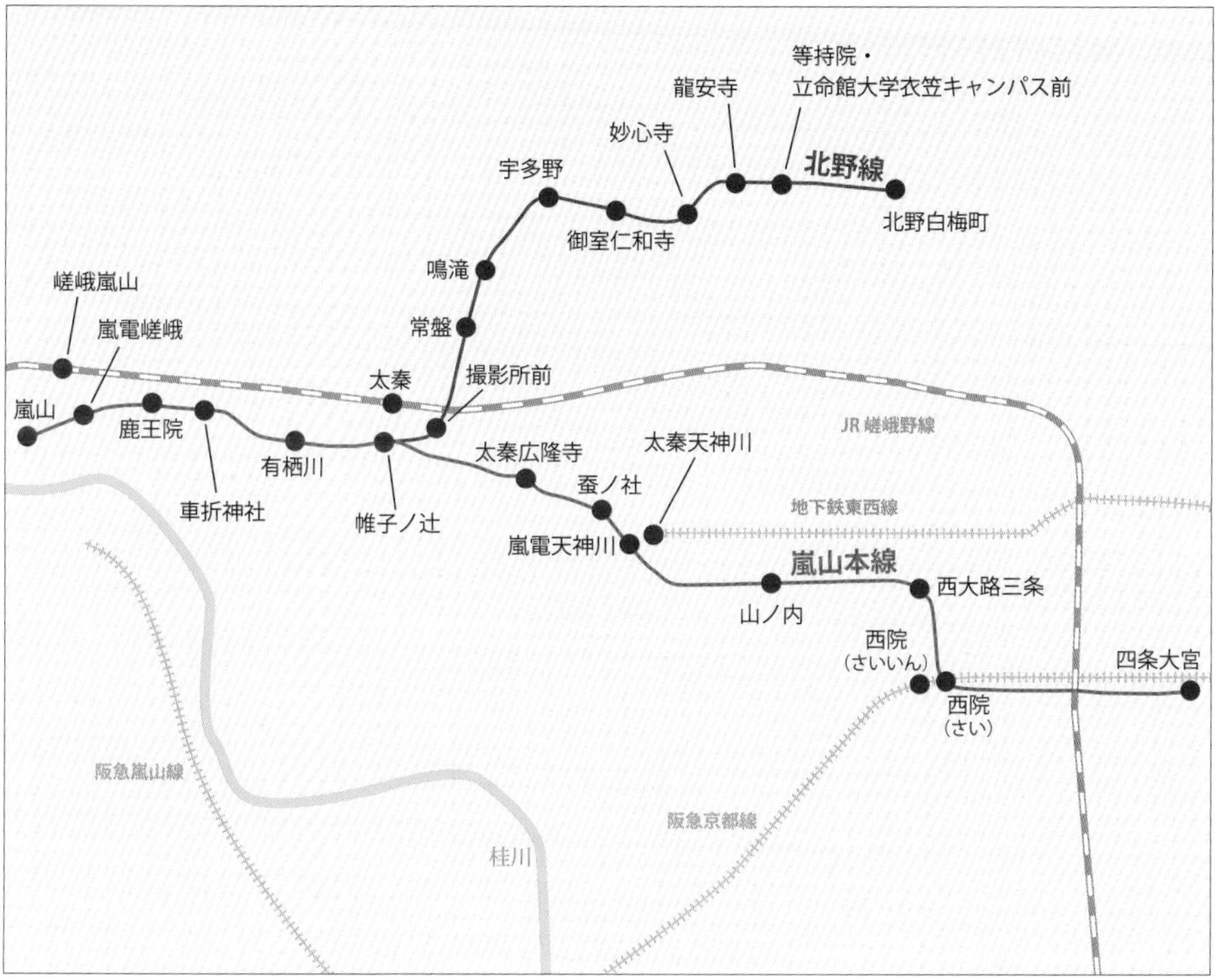

叡山ケーブル・ロープウェイ

八瀬から比叡山頂までを結ぶ叡山ケーブル・ロープウェイは、京福電気鉄道株式会社が運営している。

■お得な乗車券

●京都地下・嵐電1day チケット

1,300円(大人)
嵐電全線＋京都市営地下鉄全線

●嵐電1日フリーきっぷ

700円（大人）
350円（こども）
嵐電全線

●嵐電・映画村セット券

2,900円（大人）
2,000円（中高生）
1,450円（こども）
嵐電全線＋映画村入村券1回分

嵯峨野観光鉄道

トロッコ嵯峨〜トロッコ亀岡

ディーゼル機関車に引かれた
アールデコ調の客車に乗って、
ゴトゴトとゆっくりトロッコの旅。
保津川沿いの四季の絶景を楽しみながら、
8つのトンネルと50の鉄橋のある
7・3㎞を25分で結ぶ。
さあ、心地よい非日常のひとときへ。

基本データ

開業 1991(平成2)年4月27日
駅数 4駅
路線距離 7.3ｋｍ
軌間 1,067㎜
最高速度 35km/h

写真：トロッコ保津川駅に到着するトロッコ列車（PIXTA 提供）

嵯峨野トロッコ列車は、ＪＲ山陰本線の嵯峨駅（現・嵯峨嵐山駅）〜馬堀《うまほり》駅間が電化・複線化で新線に切り替えられたとき、風光明媚な旧線を利用して、観光列車を走らせようとして誕生したものだ。

始発の「トロッコ嵯峨」駅は、嵯峨嵐山の玄関口であるＪＲ嵯峨野線「嵯峨嵐山」駅に隣接しており、京都駅からのアクセスも良好だ。

トロッコ嵯峨駅は、JR嵯峨野線の嵯峨嵐山駅に隣接したレンガ調の駅舎。鉄道ジオラマなどの施設や、グッズショップ、グルメスポットを併設している。

レンガ調の駅舎内には、トロッコ列車乗車券売り場と、保津川下り乗船券売り場が並んでいる。トロッコ列車は全席指定席。桜や紅葉シーズンは大変混雑するので、乗車券はあらかじめネットで購入しておくことをお勧めする（1、2月は運休）。列車は1時間に1本の折り返し運転。出発の数分前にホームに入って来る。アールデコ調の客車は5両編成。窓ガラスのないオープン車両の「リッチ号」は5号車だ。亀岡方面へは、DE10形ディーゼル機関車が客車を押していく形になる。

トロッコ嵯峨駅ホームで乗車を待つトロッコ列車。

待ち時間は、駅隣接の施設で楽しもう！

●ジオラマ京都ＪＡＰＡＮ

西日本最大級の鉄道ジオラマ。京都の名所や寺社仏閣の精巧な模型も見どころ。天体ショーでは、星座と列車の幻想的な雰囲気が味わえる。

●19世紀ホール

歴史を支えてきた蒸気機関車を、当時のまま展示するだけでなく、音楽芸術発展の一翼を担ったピアノや大型オルガンを展示している優雅で贅沢な空間。

乗客が乗り込んで、さあ出発だ。ゆっくりと動き出した列車は、すぐにJRの下り線に入るとしばらく線路を共有して住宅地を走り、天龍寺の森に入る。「野宮《ののみや》神社」北の踏切を越えると、トンネルの手前でJR山陰本線と分かれて、「トロッコ嵐山」駅に着く。嵯峨野観光鉄道開業時に新設された。ホームが短いため、1、2号車は、駅の先の「亀山トンネル」の中まで入って停車するので、乗り降りはできない。

　嵐山の風景にとけこむように佇む駅舎の上には嵯峨野の竹林が広がっている。有名な竹林の小径や大河内山荘、嵐山公園、天龍寺などに近く、嵐山散策に訪れた人々がちょっと休憩を、と駅を利用することも多いようだ。

　トロッコ嵐山駅を出ると列車はすぐに亀山トンネルに入り、リッチ号に乗っている人には、通過中轟音が響き渡る。

　トンネルを抜けたところで、格子状の鋼材が敷かれた床から、保津川下りの船が透けて見える。対岸には「星のや京都」、山中にある「大悲閣千光寺《だいひかくせんこうじ》」も望める。

　再び動き出した列車は、左下の保津川に沿って、大きく右にカーブしながら走る。季節によって、桜や紅葉の木々の間から、眼下に

（上）トロッコ嵐山駅に停車中の上り列車。後ろの車両はトンネルの中だ。（PIXTA 提供）
（右）人気観光スポットの嵯峨野竹林の小径。

（上）大堰川に沿って走るトロッコ列車からの車窓。川沿いの建物は、星のや京都。
（左）大悲閣千光寺は、1614（慶長19）年に角倉了以が大堰川の開削工事で亡くなった人々の菩提を弔うために建てたお寺。
（下）嵐山公園展望台から望む大堰川。

(右)保津川橋梁。もとは単線下路式曲弦プラットトラス式のものだったが、1922(大正11)年に起きた山陰本線の脱線事故で一部が破損。破損箇所を修理したものの、しばらくして1928(昭和3)年に現在の二代目トラス橋に架け替えられた。
(PIXTA 提供)
(下)初代のトラス橋は、名古屋車両区に跨る向野跨線道路橋に転用され現存している。

保津川の流れをじっくり楽しめる。左前方に見えてきたJR嵯峨野線の「第一保津川橋梁」をくぐると、今度はゆっくり左にカーブしていく。

しばらくして、全長84mの「保津川橋梁」を渡り、川の対岸へ。すぐに「清滝トンネル」に入って、中で左にカーブを切る。トンネルを出ると桜の並木を抜けて「トロッコ保津峡」駅に到着。19体の信楽焼の狸が迎えてくれる。

トロッコ保津峡駅は、ゆずの里で知られる水尾の山間に立つ小さな駅。ほとんど乗り降りする人はなく、むしろハイキング客が休憩のために利用する場所になっている。

駅を出ると、保津川に吊り橋「鵜飼橋」がかけられており、ここからの眺めは素晴らしい。

橋を渡って右に行けば、愛宕山の麓にある清滝へのハイキングコー

(上)川岸にへばりつくように設置されたホームへは階段で上り下りする。
(下) 対岸へ渡る吊り橋「鵜飼橋」。

トロッコ保津峡駅の跨線橋から、亀岡方面に向かう列車を見送る。

ス。左に歩くと、水尾へ通じる道の入口がある。さらに進むと、JR嵯峨野線の「保津峡」駅だ。トロッコ保津峡駅とJR保津峡駅とは徒歩約25分くらいの距離なので、乗り換えにも利用可能だ。

トロッコ保津峡駅は、1929（昭和4）年に松尾山信号場として開設され、その後駅に格上げ。新線切替で1991（平成3）年に嵯峨野観光鉄道の駅として復活した。

ゆずの里・水尾へ。愛宕山の麓・清滝へ。
トロッコ保津川駅からでかけるハイキングコース。

ゆずの里・水尾の集落を望む（鳥居亮太氏提供）

保津峡から北へ約4㎞。愛宕山の麓へ分け入ったところにある豊かな自然に恵まれた水尾地区。清和天皇ゆかりの地として、清和天皇陵がある。天皇も好んだとされる柚子風呂は、民宿でも楽しめる。

清滝は、ゲンジボタルなど天然記念物生息地に指定される渓流で、日本有数の紅葉の名所として知られている。

（上）清滝川に架かる渡猿橋。
（下）清流に沿って続く東海自然歩道。滑りやすいので足元に注意を。

ＪＲ嵯峨野線・保津峡駅下りホームからは山間を走るトロッコ列車が良く見える。
保津川下りの船、桜、紅葉の写真撮影の絶好のポイントとなっている。

トロッコ保津峡駅を出た列車は、しばらく走ると「鵜飼第一トンネル」に入る。ここでJRの「第一保津トンネル」と交差している。トンネルを出て、川沿いにゆっくりとカーブ。このあたりは、ＪＲ保津峡駅ホームから峡谷を走るトロッコ列車を狙える絶好のフォトスポットになっている。

次の短い「鵜飼第二トンネル」を抜けると、亀岡市に入る。

地蔵第一トンネルと地蔵第二トンネルの間で、JR の第五保津川橋梁とクロスする。

すぐに、「鵜飼第三トンネル」が続く。右にカーブしながら走り、今度は少し長い「朝日トンネル」をまっすぐ進む。トンネルを抜けると、右手の眼下に「殿の漁場」が広がっている。丹後亀山のお殿様が魚釣りを楽しまれた所といわれている。水深10mで、保津川下りで、2番目に深い所となっている。

トロッコ亀岡駅の手前では、桜並木のトンネルが待っている。

ここから列車は川筋に沿って北上。「地蔵第一トンネル」を出ると左にカーブ。上を走るJRの「第五保津橋梁」の下を通って「地蔵第二トンネル」へ。そこからはゆっくりと南下して行く。

大堰川が線路から右へと離れていく場所に来ると、突然左手の視界が開ける。

左からJR線が寄り添ってくると、トロッコ列車は「桜のトンネル」の出迎えを受ける。やがて前方に終点の「トロッコ亀岡」駅が見えてくる。列車は、カメラを構えた人々の待つホームへと滑り込む。

トロッコ亀岡駅の駅舎は、1992(平成4)年に建設された鉄骨造2階建て。内外装に杉を使用したログハウス風だ。

ここもホームが短いので、嵯峨側のディーゼル機関車は、駅手前の鵜ノ川にかかる鉄橋の上で停車する。

こうして、8つのトンネルと50の鉄橋を渡り、川に沿って走ってきた25分間の旅は終った。

さて、帰路はというと、駅舎で休憩してからまた上り列車に乗るのもいいが、ここから人気の保津川下りの船に乗る人も多い。

(上)鵜ノ川にかかる鉄橋。
(下)多くの人が待つホーム。

桜のトンネルに入って行く、嵯峨方面への上り列車。

トロッコ亀岡駅から乗船場までの片道は、「京馬車」に乗って楽しむのがお勧め。30分かけてゆっくり、のんびりと、風を感じられる開放的な馬車に揺られてみる。蹄《ひづめ》の音も心地よく響くはずだ。

保津川下りは、保津川の峡谷を縫って、亀岡から嵐山までの約16km、2時間ほどの旅となる。

もう一つの選択肢は、トロッコ亀岡駅から西へ約500m、JR嵯峨野線沿いを10分ほど歩いて、「馬堀」駅に行くこと。そこでJRに乗り換えて、京都方面に帰るもよし、亀岡方面に足を伸ばすのもいい。もちろん、馬堀駅周辺でも楽しめる。

歴史好きな方なら、明智光秀にちなんだ「唐櫃越《からとごえ》」ルートのハイキングにチャレンジしてみてはいかがだろうか。

牧歌的な風景に溶け込んだ京馬車で、保津川下りの乗船場へ。

JR馬堀駅から「唐櫃越」ハイキングへ。

唐櫃越は、明智光秀が本能寺に向けて進軍した3つのルートの1つとされている。馬堀駅から山を越えて京都に入り、山を下って上桂の地蔵院までの、変化に富んだハイキングコースだ。

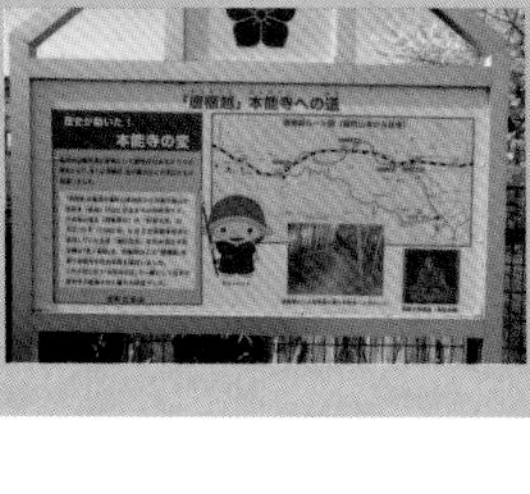

嵯峨野観光鉄道のあゆみ

　嵯峨野トロッコ列車が走る区間は、もともと1899（明治32）年に「京都鉄道」が開業した京都～園部《そのべ》間（現在のJR嵯峨野線）の一部だった。

　嵯峨野から保津川に沿って多数のトンネルや橋梁を建設するという難工事が続き、資金難に陥り園部以遠への延伸は断念された。

　後に京都鉄道は国有化され、山陰本線の一部となり、1989（平成元）年、京都～園部間が電化・複線化されると、狭隘《きょうあい》な嵯峨～嵐山間は輸送力アップのため別ルートに切り替えられた。

　旧線は一旦は廃線となったものの、風光明媚な保津峡に沿って走る路線は、ゆっくりと景観を楽しむには絶好で、地元からは運転再開を望む声が多かった。

国鉄山陰本線時代の保津峡1971年（昭和46）年。（田中義人氏提供）

　JR西日本はこれに応え、1990（平成2）年11月、子会社として「嵯峨野観光鉄道」を設立する。といっても社長以下社員はわずか9名。JRからの投資も2億円。いつつぶれてもおかしくないと揶揄された。しかし9名だからこそ大企業にはない強いチームワークが生まれ、沿線整備や企画・営業活動に一丸となって取り組んだ。

　こうして、1991（平成3）年4月27日午前9時35分、トロッコ列車第1号列車が出発した。

　乗客数は当初の予測、年間23万人をはるかに超え、初年度69万人。以降もずっと黒字経営は続いた。

　1998（平成10）年、自然をもっと身近に感じられる窓ガラスのないオープン車両「ザ・リッチ号」の運行を開始。駅舎には、乗車待ちの時間も楽しめる「19世紀ホール」や「ジオラマ京都JAPAN」などのアミューズメント施設を開設した。2013年度以降は利用者年間100万人を超えるまでになっていたが、コロナ禍で一時失速。苦渋の運賃値上げを行った。

　今後はオンラインの予約システムなども整備。経営健全化を図り、将来にわたって安心安全な運行を継続していくとしている。

路線図

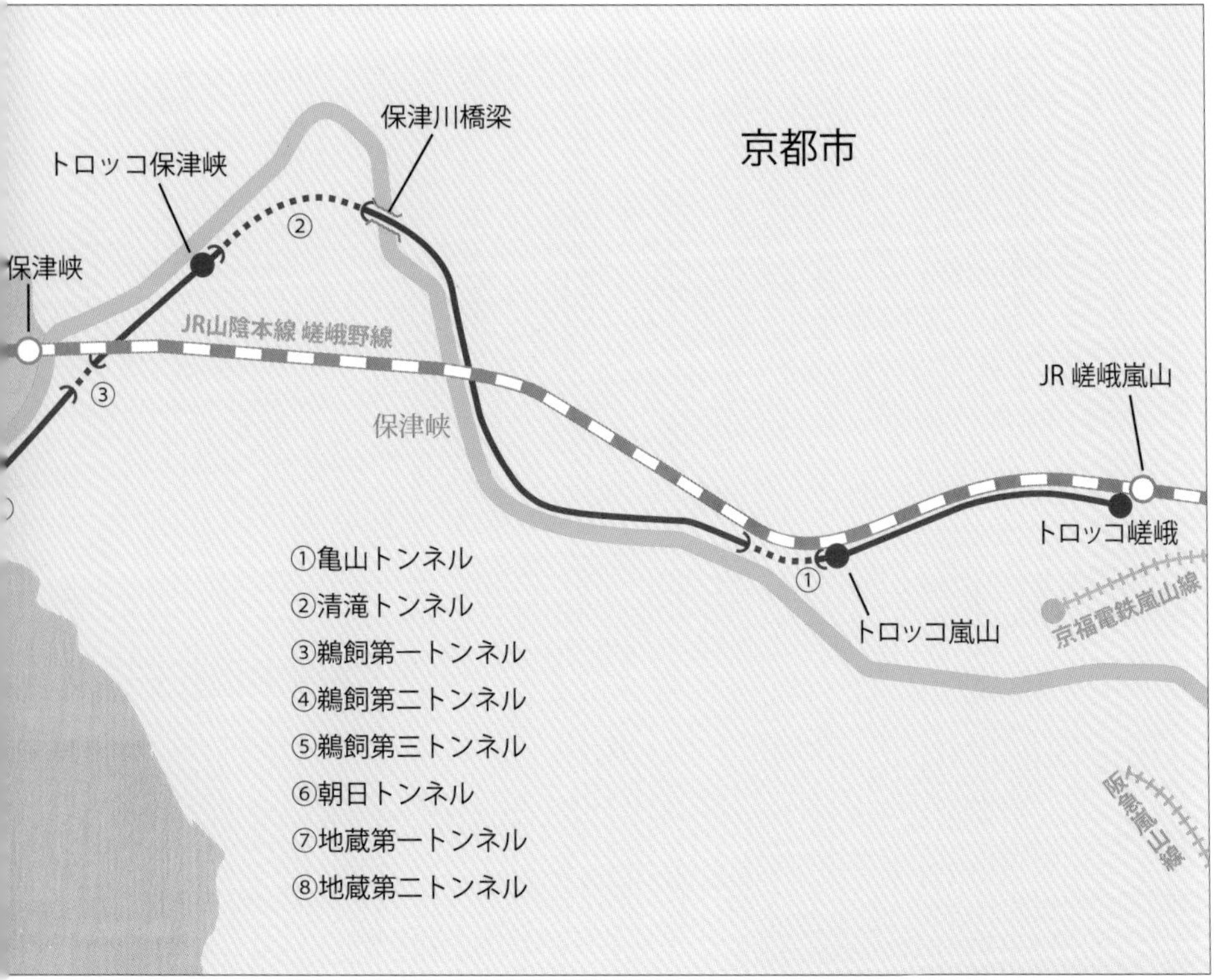

●トロッコ列車

トロッコとは、貨物輸送用の小型貨車として、トラックや列車が入れない場所にレールを敷いて走らせた箱型車両のこと。クラシカルなカラーリングの嵯峨野トロッコ列車は、アールデコ調の5両編成の客車が、ディーゼル機関車に引かれて谷を縫うように走る。オープン車両の「リッチ号」に乗れば、風と光と音を肌で感じられる。

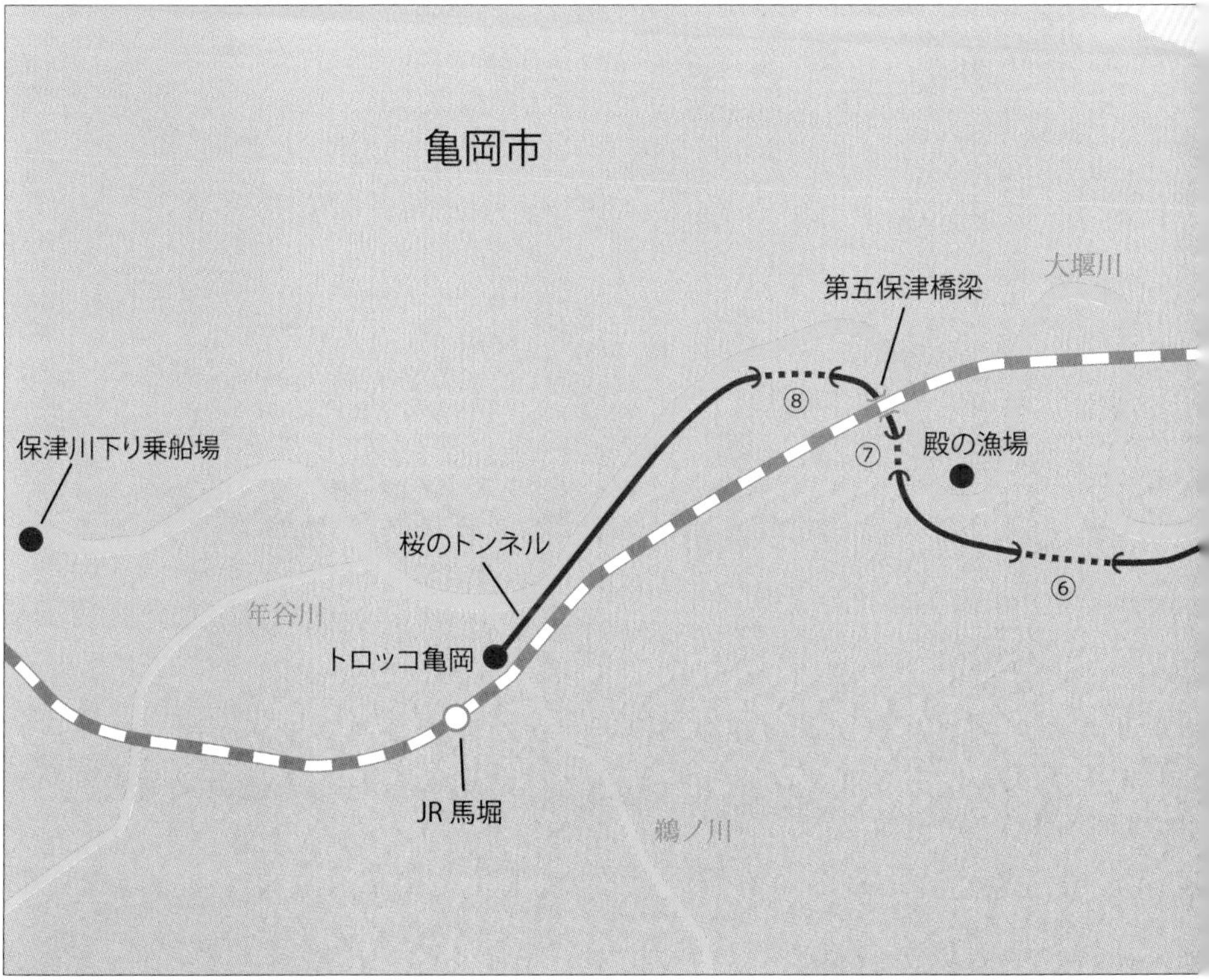

●保津川下り

丹波亀岡から京都の嵐山まで、約16㎞の渓流を約2時間かけて下っていく、スリル満点の舟下り。熟練の船頭が棹、舵、櫂で操り、迫る岩の間をすり抜けていく。四季を通しての保津川峡谷の趣きを味わえるのが保津川川下りの醍醐味だ。

●京馬車

進行方向に向かい合って乗るワゴネットタイプの馬車を、元競走馬が力強く引いていく。

阪急電鉄

京都本線（京都河原町〜大阪梅田）
嵐山線（桂〜嵐山）

京都随一の繁華街・四条河原町と
大阪の顔・梅田界隈を両端とする京都本線は
神戸本線、宝塚本線とならぶ
阪急電鉄の基幹路線の一つ。
大阪の北摂《ほくせつ》地域と京都の乙訓《おとくに》地域を経由して
淀川の右岸に沿うように
直線コースで結んでいる。
桂駅から分岐する支線の嵐山線は
沿線に嵐山などの観光地を控え
行楽客や初詣客で賑わう。

基本データ

●京都本線
開業 1921(大正10)年4月1日
駅数 27駅
路線距離 45.3ｋｍ
軌間 1,435㎜
最高速度 115km/h

●嵐山線
開業 1928(昭和3)年11月9日
駅数 4駅
路線距離 4.1ｋｍ
軌間 1,435㎜
最高速度 70km/h

写真：西山天王山駅～大山崎駅間

京都本線
（京都河原町〜大阪梅田）

京都随一の繁華街・四条河原町。鴨川にかかる四条大橋を挟んで東には祇園の歓楽街が広がる。

阪急京都本線の起点「京都河原町」駅（2019年に河原町駅から改称）は、この四条河原町交差点の真下にある。1963（昭和38）年に、大宮からの延伸で誕生した駅だ。

祇園祭・前祭の山鉾巡行では、四条烏丸を出発した山鉾の最初の辻回（方向転換）が四条河原町交差点で行われ、見せ場となるため多くの観客が集まる。後祭では、進行方向が逆になり、ここが最後の辻回しとなる。

（右）四条河原町交差点周辺。写真の奥が四条大橋、八坂神社の方向になる。
（右下）京都河原町駅の地下ホーム。大阪梅田行の特急が停車中。
（下）京都河原町駅の構内にある、延伸工事竣工記念のモニュメント。

祇園祭の山鉾巡行のコース・四条通の真下での延伸工事は、1961（昭和36）年の巡行が終わった直後に開始されたが、翌年の巡行は工事の真っ最中。地上に敷き詰められていた鉄板の上を鉾を巡行させる実施テストを行った結果、鉾《ほこ》の損傷の恐れありとして、その年の山鉾巡行は中止。各町内に止まったままの「居祭《いまつり》」となった。そして、翌1963（昭和38）年の祇園祭の直前に竣工させることができたのである。

京都河原町駅の島式1面3線のホームからは、各種の電車が発車するが、今回は準急（高槻までは各駅に停車）に乗車する。

地下を西へ走る電車は、1分で次の「烏丸」駅に停車。市営地下鉄烏丸線との連絡駅で、四条烏丸交差点の真下に位置する。

先ほどの京都河原町駅とは、真上を走る四条通の真下を貫く約1㎞の地下道でつながっており、徒歩10分ほどでたどり着ける。四条通は祇園祭では大混乱となるので、この地下道を通っての移動がお勧めだ。

2分ほどで「大宮」駅。河原町駅延伸までは京都本線の終着駅で、駅名も「京阪京都」、「京阪神京都」。そして「大宮」と変わってきた。かつては特急停車駅だったが、2001（平成13）年から通過駅になっている。

大宮駅から次の「西院《さいいん》」駅間は、1931（昭和6）年の開業時、東京地下鉄道（現・東京メトロ銀座線）に続いて日本で2番目、関西では初の地下線として注目を浴びた。

この辺りはかつて淳和院《じゅんないん》が置かれていたところで、別称である西院が地名となった。読みは「さいいん」。阪急の駅名も「さいいん」と読むが、直結している嵐電の西院駅は「さい」と読んでいる。

阪急電鉄と京福電気鉄道（嵐電）は、2017（平成29）年から、共同で駅のバリアフリー化工事を進め、改札口の増設・改良により阪急と嵐電の乗り換えの利便性が向上している。

前祭の山鉾巡行で、人気の場面の一つが四条通麩屋町でのしめ縄切り。先頭を行く長刀鉾に乗るお稚児さんが、真剣で四条通に渡されたしめ縄を切る祇園祭のハイライトとして知られている。

（上）大宮駅は四条大宮交差点を挟んで嵐電の四条大宮駅と対峙。
（左）阪急の北・南改札口と嵐電ホームとを結ぶエレベーターも設置されている。

山鉾が集まっている四条烏丸交差点付近は、前祭の宵山で大いに賑わう。駒形提灯に灯りがともり、笛や鉦で祇園ばやしが奏でられると、祇園祭の風情は最高潮に達する。

京都随一のビジネス街、四条烏丸交差点付近。

(左) 西院駅を過ぎると地下区間が終わり、電車は地上に出る。
(下) 西京極付近にはガーダー橋が残っている。未成線に終わった、京都線から分岐する貨物線の遺構だ。

これまで四条通の真下を走ってきた列車は、西院駅を発車すると、南西に進路を変え、地上に出る。そのまま高架に入り、住宅地を走り抜けていく。

右手前方に緑が見えてくると、「西京極」駅に到着。かつての平安京の西京極大路に由来し、西京極総合運動公園の最寄駅だ。上りホーム北側の臨時改札口は、当初計画されていた西院までの貨物線

西京極～桂間で、桂川橋梁を渡る阪急電車。

の遺構の上に設けられている。

公園内の陸上競技場は、2019年まで京都パープルサンガのホームだった。

公園を抜けると電車は淀川水系の桂川を渡り、嵐山線との分岐駅「桂」駅へ。嵐山方面に向かう人や特急との乗り継ぎのため、乗降客が多い。

この辺りは、古くから貴族の

(左) 桂駅の1番線が嵐山線のホーム。2～5番線が京都本線。C号線は車庫と直結した車庫線となっている。
(下) 日本庭園の最高傑作とも言われる桂離宮は桂駅から徒歩約20分。参観には事前に宮内庁に参観予約が必要だ。
(PIXTA 提供)

別荘地として知られた風光明媚な土地である。

桂からは直線で北へ進む。徐々に高度を上げ、高架線で住宅地を走り抜ける。

再び高架を降りた次の「洛西口《らくさいぐち》」は、2003(平成15)年に開業した駅。かつてここには軍事工場への従業員輸送のための「物集女《もずめ》」駅が設置されたが、わずか2年で廃止。その後周辺の道路事情や再開発と合わせて55年ぶりに駅の復活となったのだ。イオンモールや洛西ニュータウンなど開発は進み、現在では人口が10倍以上になっている。

ここから向日市《むこうし》に入る。西日本で一番面積の小さな市で、8㎢しかない。しかし、ここに京都線の2つの駅がある。ひとつ目が「東向日《ひがしむこう》」駅。京都向日町競輪場への最寄駅で、桜の名所として知られる西山の善峯寺《よしみねでら》、十輪寺《じゅうりんじ》、勝持寺などは、ここからバスでのアクセスが便利だ。

また、街おこしのために、2009(平成21)年、駅前に「京都激辛商店街」ができた。バスの待ち時間などに挑戦してみては。

わずかに西にカーブしながら南下する電車が、次に停車するのが静かな住宅街にある「西向日《にしむこう》」駅。

この地には平安京の前に10年間だけ長岡京が置かれてたが、その大極殿は、この駅から400mほど北にあった。駅構内もその遺構の一部になっているのだ。

現阪急の前身である新京阪鉄道の時代には、この駅から伏見〜山科〜大津を結び、さらには名古屋までの名古屋急行鉄道の構想を抱いていたが、世界恐慌の影響で経営危機に陥り、計画は頓挫している。

東向日駅前のバス乗り場。西山の各寺へのアクセスはここからが便利。

(右)西行が植えたと伝わる「西行桜」で有名な勝持寺。
(左上)善峯寺は徳川5代将軍綱吉の母・桂昌院ゆかりのお寺。
(左下)平安時代の歌人・在原業平の隠棲地として知られる十輪寺。しだれ桜が天蓋のように咲き誇る。

長岡市に入った列車は、高台を下り乙訓《おとくに》地区の中核となる「長岡天神」駅に着く（平日は全列車が停車する）。駅から歩いて10分ほどのところに「長岡天満宮」がある。菅原道真公が太宰府へ左遷されるとき名残を惜しんだことから「見返り天神」とも呼ばれており、境内には西山を借景《しゃっけい》とした「八条ヶ池」が広がっている。

5分ほど走ると「西山天王山」駅。2013（平成25）年に開業した、阪急全線で最も新しい駅だ。京都縦貫自動車道の高架下にホームがあり、長岡京バスストップとはエレベーターで直結している。山崎の戦いで知られる天王山の、登山口への最寄駅である。

名神高速を潜ると少しの間JR東海道本線と並走。切通しを抜けると、京都府内最後の駅「大山崎《おおやまざき》」だ。周辺はかつて山崎宿がおかれた宿場町で、天王山中腹には、「旭グループ大山崎山荘美術館」や登山口の「宝積寺《ほうしゃくじ》（宝寺）」が、西には「サントリー山崎蒸留所」がある。

大山崎を出ると大阪府に入り、次の「水無瀬《みなせ》」駅を過ぎ、高槻市の「上牧」駅の先まで、高架線で東海道新幹線と並走する。この区間は新幹線開業前の8か月間、阪急の電車が線路を間借りして走ったこともある。

水無瀬駅は、開業時の駅名が「桜井ノ駅」駅と、末尾に「駅」が付く駅名だった。この「駅」は宿駅のことで、かつての駅舎

(上) 4月中旬から下旬にかけて、長岡天満宮の中堤の両側をキリシマツツジが囲み、真紅の回廊となる。
(下) 長岡天満宮の本殿は、平安神宮の社殿を移築したもの。

(上) 西山天王山の駅舎は、高速道路の高架下に位置する。

(上) 西山天王山〜大山崎間の切通しの中を走る列車。
(下) 大山崎駅は東海道新幹線の線路に沿った高架駅。改札口は地上部にある。

(上) 大山崎駅からの眺め。西側にはサントリー山崎蒸留所も見える。
(下) 桜井駅跡の碑。1336（延元元）年、足利尊氏の大軍を迎え撃つため京都を発った楠木正成がここで長子の正行（まさつら）に七生報国の遺訓を残して決別したことが太平記に記されている。

跡なのだ。2008（平成20）年に東海道本線に島本駅が開業した時に改称した。

この先、特急停車駅だけ挙げると「高槻市《たかつきし》」「茨木市《いばらきし》」「淡路」「十三《じゅうそう》」を経て、終点の「大阪梅田」駅に至る。

嵐山線（桂〜嵐山）

ここからは、桂駅に戻って嵐山線に乗ってみよう。起終点駅を含めても4駅。4・1kmの短い路線だ。

桂駅は橋上駅舎を有する地上駅で、島式3面6線のホームを持つ。京都本線には2面4線、嵐山線には1面2線が割り当てられている。

起点の「桂」駅を出るとすぐ京都本線と分かれ、列車は桂川の西岸を北上し、嵐山をめざす。嵐山線は単線のはずだが、右手には複線分に使えそうな土地がある。これは、最初複線で開業した嵐山線だったが予想より乗客数が伸びず、戦時中の資材供出のため単線になり、戦後もそのまま単線運転を続けているからだ。

桂駅から8分で「上桂《かみかつら》」駅。閑静な住宅地のなかにある駅で、両側には桜の木が植えられており、季節になると駅全体が桜色に包まれる。

西に15分から20分ほど歩くと、「地蔵院」、「西芳寺《さいほうじ》」、「華厳《けごん》寺《じ》」などの寺社がある。地蔵院は境内が竹に包まれていることから「竹寺」と呼ばれて親しまれている。世界遺産の西芳寺は、約120種類の苔が境内を覆い、緑の絨毯を敷き詰めたかのような美しさから「苔寺《こけでら》」とも呼ばれている。通年鈴虫を飼育しているため「鈴虫寺」と呼ばれる華厳寺は、鈴虫の音色とともに僧侶による楽しい話を聞く「鈴虫説法」が人気だ。

上桂駅を出て5分ほど、右手に桂川が近づいてくると、「松尾《まつお》

(上)上桂駅に到着する電車。(下)上桂駅は、交換設備を備えた地上駅。もともと桂方面ホームにしか改札口がなかったが、2017年に嵐山方面ホームにも設置された。

地蔵院は、1367（貞治6）年、足利氏に仕えた武将・細川頼之による創建。

苔寺の拝観は事前に往復はがきによる申し込みが必要。　（PIXTA 提供）

（上）華厳寺からは、京都タワーが望める。
（右）華厳寺では、鈴虫説法を楽しんだ後は、一つだけ願いをかなえてくれるという山門前のわらじをはいた「幸福地蔵尊」に手を合わせよう。

大社《たいしゃ》」駅に着く。酒造りの神様として有名な「松尾大社《まつのおたいしゃ》」の最寄駅で、2013（平成25）年に「松尾」から駅名変更された。

京都最古の神社の一つである松尾大社は、5世紀に朝鮮から渡来した秦氏がここに住み着き、酒造技術を伝えたといわれている。

松尾大社の400mほど南には摂社の「月読神社《つきよみじんじゃ》」がある。

また、駅から東に10分ほど歩けば、子育てと安産の神として、また梅の名所として名高い「梅宮大社」に行ける。

松尾大社駅から終点の「嵐山」駅へはわずか2分。3面2線のホームに滑り込む。開業当時は6面5線もあったという。駅舎は2010（平成22）年には、京町家をイメージした外観にリニューアル。ホームの灯籠風照明も古都らしさを演出している。

嵐山駅は桂川の南岸。「渡《と》月《げつ》橋《きょう》」から西へ400mほどのところにあり、観光エリアの中心からはやや離れているが、京都の中心部や大阪方面からのアクセスは、阪急の利用が最速で、多くの観光客でにぎわっている。

（上）松尾大社駅では、車窓からも大鳥居が見える。
（左）阪急の駅名は「まつおたいしゃ」だが、社の方は「まつのおたいしゃ」と読むのが正式。

（上）嵐山駅前は広く開放的で、嵐山の玄関口らしい風情がある。（右）灯籠風の照明が連なるホームに入線する列車。
（下）駅から「渡月橋」までは400mほど。

阪急電鉄のあゆみ

阪急京都本線の歴史は、小私鉄の「北大阪電気鉄道」が、１９２１（大正10）年４月に十三〜淡路〜豊津間を開業したことに始まる。

淀川東岸の本線とは別に、西岸に新線を計画していた「京阪電気鉄道」が着目。新会社「新京阪鉄道」を設立、北大阪電気鉄道を傘下に収め営業を引き継ぎ、１９２５（大正14）年10月に、新京阪鉄道は淡路〜天神橋（現・天神橋筋六丁目）間を延伸開業する。翌年には、日本初のビル内ホームを持つ天神橋駅ビルを完成させた。

京都へ向けての延伸が進められたのはこの後で、１９２８（昭和３）年１月に淡路〜高槻町（現・高槻市）、11月には高槻町〜京都西院（仮駅）間が開業。何とか京阪間を結び、11月10日に京都御所で挙行された昭和天皇即位式（御大典）に間に合わせたのだ。

その前日には、支線である嵐山線の桂〜嵐山間も開業している。

１９３０（昭和５）年９月、不況で経営困難になっていた新京阪鉄道は、親会社の京阪電気鉄道に合併され、天神橋〜西院間は京阪電気鉄道の新京阪線となる。

１９３１（昭和６）年３月、西院〜京阪京都（現・大宮）間が開業。この区間は関西初の地下路線となった。

戦前から、「阪神急行電鉄」と京阪電気鉄道の合併の動きがあったが、戦時統合でそれが実現。１９４３（昭和18）年10月に大私鉄「京阪阪神急行鉄道」となるが、戦後の１９４９（昭和24）年12月には、ふたたび分裂した。

京阪系だった新京阪線と支線の嵐山線は阪急側に帰属することになり、京都線と改められた。

京阪神急行鉄道は、１９７３（昭和48）年４月に、現社名の「阪急電鉄」に改称。ここに阪急京都線が誕生したのである。

１９６３（昭和38）年６月、大宮〜河原町（現・京都河原町）間が地下線で開通。念願の京都中心部への乗り入れを果した。１９６１（昭和36）年の山鉾巡行が終わった直後の８月１日に工事を開始。１９６２（昭和37）年の巡行は中止になり、翌年の祇園祭の直前に竣工したのだ。

２０１１（平成23）年に、快速特急「京とれいん」運転開始。（２０２２年12月で運行終了）２０１９（平成31）年には「京とれいん雅洛《がらく》」を投入。現在は土日休ダイヤで運行している。

阪急電車の主な車両

●1300系

阪急電鉄の伝統的なデザインを引き継ぎ、環境性能の向上をめざした車両。

●9300系

前面の後退角を既存の車両よりも大きくし、アクセントとして上部に額縁形状を取り入れている。

●8300系

京都線用のＶＶＶＦインバータ制御車両として登場。基本性能や客室設備は8000系と同一仕様。

●7300系

将来の阪急電鉄全線共通仕様を考慮して、車両の寸法を新設計で建造。　（PIXTA 提供）

●6300系

800系の後継車両として建造されたものをモデルチェンジ。さらに、嵐山線向けに3両編成を4両編成化した。

●5300系

京都線用の量産形冷房装置設備車両として1972年に登場。表示幕装置の設備工事などが行われている。

●7000系 京とれいん雅洛

７０００系を改造した車両で、快速特急として、土日祝と観光シーズン特別運行日に運行される。乗車のたびに京都気分が楽しめるよう、6両編成の1両ごとに季節を定め、それぞれに和モダンな趣きがたっぷり。予約不要、普通運賃のみで乗車できる。

中央の円窓部に扇を配置したデザインが印象的。

路線図

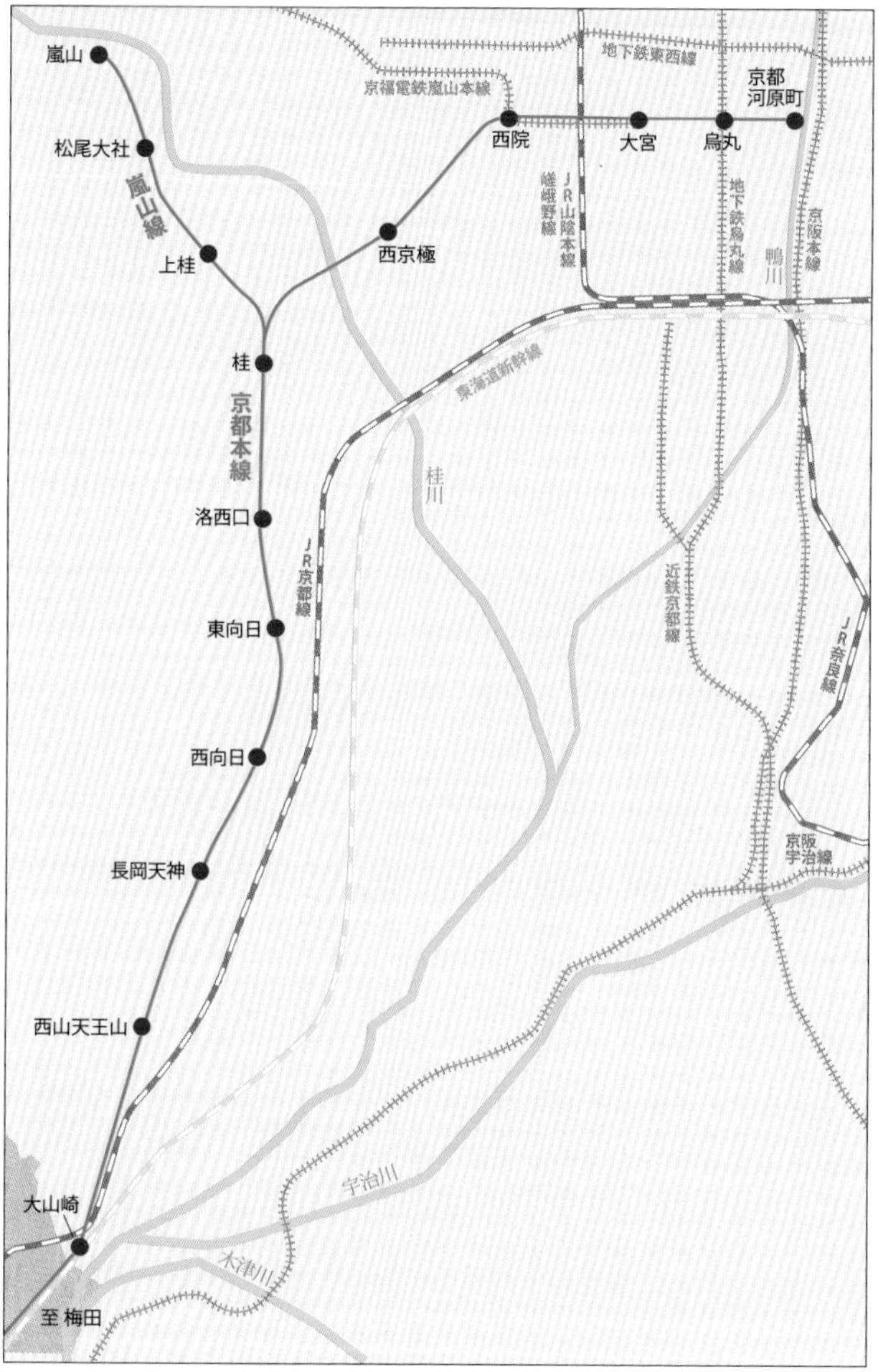

■阪急電鉄停車駅

駅	快速特急「京とれいん雅洛」	特急	通勤特急	準特急	急行	準急	普通
京都河原町	○	○	○	○	○	○	○
烏丸	○	○	○	○	○	○	○
大宮			○	○	○	○	○
西院			○	○	○	○	○
西京極					○	○	○
桂	○	○	○	○	○	○	○
洛西口						○	○
東向日						○	○
西向日						○	○
長岡天神		○	○	○	○	○	○
西山天王山						○	○
大山崎						○	○
水無瀬						○	○
上牧						○	○
高槻市		○	○	○	○	○	○
富田							○
総持寺							○
茨木市		○	○	○	○	○	○
南茨木					○	○	○
摂津市							○
正雀							○
相川							○
上新庄					○	○	○
淡路（千里線）	○	○		○	○	○	○
崇禅寺							○
南方					○	○	○
十三	○	○	○	○	○	○	○
大阪梅田	○	○	○	○	○	○	○

嵐山線

嵐山	松尾大社	上桂
○	○	○

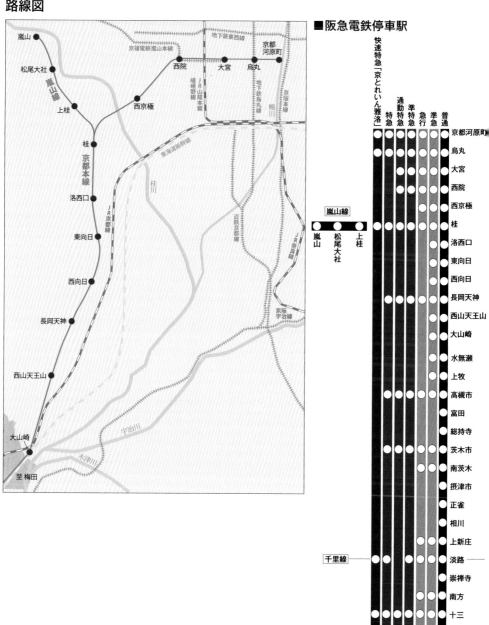

近鉄京都線

京都～大和西大寺

京都と奈良、二つの古都を結ぶ
34・6㎞の観光路線。
特急列車が頻繁に行き来する。
沿線の住宅地や学研都市への足として、
京都市への通勤・通学路線でもある。
終点の大和西大寺駅は
近鉄各線が乗り入れるジャンクション。
奈良市の中心・奈良駅はもとより、
賢島、橿原神宮前、大阪難波など、
各方面へアクセスできる。

基本データ

開業 1928(昭和3)年11月3日
駅数 26駅
路線距離 34.6ｋｍ
軌間 1,435㎜
最高速度 105km/h

写真：澱川橋梁を渡る近鉄特急

近鉄京都駅は、新幹線のホームの真下の2階部分にある。新幹線中央改札口を出ると、すぐ前が近鉄の改札。改札前に有人の特急券売り場があるので乗車の問い合わせも便利だ。２０１２（平成24）年に4番線ホームが増設され、４面4線構造になった。京都線から奈良線、橿原線《かしはらせん》への直通電車のほか、橿原線の大和八木から大阪線経由で伊勢志摩方面へ向かう特急電車も発着する。

新幹線中央口改札を出ると、目の前が近鉄京都駅。

京都駅を出た電車は新幹線の高架を潜って、左へ大きくカーブ。

それでは、今回は急行に乗って京都線の旅をはじめよう。「京都」駅を発車すると、列車は大きく左にカーブ。新幹線の下を潜り高架線を南へ向かう。街並みのなか、左の車窓に「伏見稲荷大社御《お》旅《たび》所《しょ》」、右手に五重塔が見えるとすぐに「東寺」駅に着く。唯一残る平安京の遺構で、世界遺産の「東寺」は、ここから徒歩約10分だ。

「十条」「上鳥羽口」駅を通過して市営地下鉄烏丸線との乗換駅「竹田」駅に停車。１９８８（昭和63）年から地下鉄と相互乗り入れとなっており、国際会館発の奈良行き急行も運行されている。

(上)伏見稲荷大社の御旅所のすぐ横を走る。(下)右手に東寺の五重塔が見えてくる。

「伏見」駅を過ぎると、左手に「伏見桃山城」を遠望しながら、京阪本線の高架を潜ると特急停車「近鉄丹波橋」駅に到着する。京阪との接続駅だが、かつては京阪本線と同じホームで、相互乗り入れが行われていた。駅の手前には、当時の連絡線の痕跡がわずかに残っている。１９６８（昭和43）年に近鉄の独立駅舎が誕生。京阪丹波橋駅とは連絡通路でつながっている。

丹波橋から５００ｍほどで、次の急行停車駅「桃山御陵前」駅。

(上)特急も停車する近鉄丹波橋駅。
(下)京阪電鉄の丹波橋駅とは通路でつながっている。

伏見城は３度にわたって築城された。朝鮮出兵開始後、豊臣秀吉が隠居後の住まいとするために建てた指月伏見城。後に木幡山に再築された木幡山伏見城。そして伏見城の戦いで焼失後に徳川家康により再建された伏見城だ。写真は、天皇陵となっている伏見城本丸跡一帯の北側に建つ伏見桃山城の模擬天守。（現在は入城不可）

■戦国武将の名前を探してみよう！

桃山御陵前駅の周辺の地名には、歴史ファンにはうれしい戦国武将の名前がズラリ。電柱などの住所表示で確認しながら町を歩くのも楽しい。

（左上）酒どころ伏見の氏神、御香宮神社。豪壮華麗な桃山文化の名残をとどめている。「鳥羽伏見の戦い」では、薩摩、長州を中心とする討幕派が陣取り、伏見奉行所へ大砲を打ち込んだ。
（左下）御香宮神社の鳥居越しに、桃山御陵前駅を出る電車が見える。

（右）明治天皇 伏見桃山陵。「御陵さん」と呼ばれ、散歩コースとして地元の人たちに親しまれている。

すぐ近くに「ごこんさん」の名で親しまれ、名水「御香水」で有名な「御香宮神社《ごこうのみやじんじゃ》」がある。その東に、明治天皇を葬る「桃山御陵」がある。駅開業に当たって市より御陵への参拝客の踏切渋滞の懸念から地下駅を提案されたが、伏見酒造組合から地下水脈を断つと反対されたため高架駅になったという（ちなみに、御陵へはＪＲ桃山駅の方が近い）。

近鉄丹波橋駅から桃山御陵前駅にかけて、路線の東側周辺を歩いてみると、興味深い住所表示が目に留まる。福島太夫、羽柴長吉、正宗、治部少《じぶしょう》など戦国武将の名前だ。これは豊臣秀吉が伏見城を築いたときに、武将たちがこの地に屋敷を構え、それが地名として残ったものである。

桃山御陵前駅を出てしばらく走ると、電車は京阪宇治線と交差し、速度を落として宇治川に架かる「澱川橋梁《よどがわきょうりょう》」を渡る。全長165mの日本一長いトラス橋で、2000（平成12）年に登録有形文化財に指定されている。

急行電車は、橋梁からつづく高架から下り、再び速度を上げて「向島《むかいじま》」駅を通過。宇治市に入り、広大な農地を一直線に南へと走っていく。このあたりは「巨椋池《おぐらいけ》」の跡だという。巨椋池は、かつて京都府の南部、伏見区、宇治市、久御山町《くみやまちょう》にまたがる場所に存在した周囲約16キロにも及ぶ淡水湖。平安京と平城京のほぼ中間に位置し、水運の中継地として栄えた。豊臣秀吉の伏見城築城期の築堤などの土木工事などで姿を変え、明治から昭和にかけて行われた干拓工事によって農地となったものだ。

京滋バイパスをくぐり、右にカーブを切り「小倉」「伊勢田」駅を通過すると、「大久保」駅に停車する。高架駅のホームからは、陸上自衛隊大久保駐屯地が見える。宇治市の玄関口であり、駅前からは各方面にバスが発着している。

宇治川に架かる澱川橋梁を渡る急行電車。この河原ではかつて陸軍が演習をしており、邪魔になるという理由で川に橋脚を立てることを禁じたため、トラス橋になった。

(上)大久保駅ホーム。(下)大久保駅前。東にあるJR 奈良線「新田」駅は徒歩圏内なので、乗り換えに利用できる。

電車はさらに南下、城陽市に入り、「久津川」「寺田」駅を通過していく。つづいて「富野荘《とのしょう》」を過ぎると、木津川に架かる「木津川橋梁」を渡る。全長495mのプレートガーダー橋で、近鉄の前身・奈良電気鉄道が開業に当たり1928（昭和3）年に架設したものだが、現在でもほぼ完成時の姿のまま活躍している。

木津川を渡り京田辺市に入る。やがて新田辺車庫が見えてくると、市の中心駅「新田辺」駅に

木津川橋梁を渡る観光特急「しまかぜ」。京都市内では丹波橋駅のみに停車して、賢島に向かう。

紅葉が美しい一休寺。京都の紅葉の穴場スポットのひとつ。
(左) 本堂へ続く参道。(下) 総門

(上) 新田辺駅前ロータリーに建つ一休さんの銅像。
(下) 同志社大学 京田辺キャンパスまでは徒歩約15 分。

着く。西側に駅ビルを併設した地上駅で、駅前からはJR松井山手や京阪八幡市へのバスが発着する。

この駅からぜひ訪ねていただきたいのが、「酬恩庵《しゅうおんあん》一休寺《いっきゅうじ》」。あの一休和尚が晩年に隠棲した臨済宗大徳寺派の禅寺だ。京都市内から離れた所にあるためか、京都の紅葉の穴場スポットとなっている。

新田辺駅を出て左にカーブすると、右手にJR片町線（学研都市線）が現れ、木津台駅の先まで並走する。同志社大学京田辺キャンパスの最寄駅「興戸《こうど》」、近年高架駅となった「三木山」駅、1993（平成5）年に新設された「近鉄宮津」駅と宮津車庫、「狛田《こまた》」駅を過ぎると、並走してきたJR片町線の祝園《ほうその》駅と接続する「新祝園」駅。けいはんな

「国会図書館関西館」は、東京本館と同じく国内の出版物のすべてを収蔵している。

京都・大阪・奈良にまたがる京阪奈丘陵で整備が進む関西文化学術研究都市の中心部に位置する「けいはんな記念公園」。

(上)新祝園駅
(下)駅は空中デッキで「せいかガーデンシティ」と直結している。

学研都市（関西文化学術研究都市）の中心的な駅の一つだ。ここは、けいはんな学研都市の精華・西木津地区の中心地で、「国会図書館関西館」「けいはんなプラザ」「けいはんな記念公園」や、研究施設などと住宅地がうまく共存して美しい街並みとなっている。

「木津川台」駅を過ぎると、並走してきたＪＲ片町線とクロスして京都府内最後の駅「山田川」を過ぎて、京都府と奈良県の境にある平城・相楽《そうらく》ニュータウンの中心「高の原」駅に到着する（所在地としては奈良市）。京都線では丹波橋に次いで乗降客が多く、朝夕には京都発の特急も停車する。

高の原駅を出た列車は、森の中に入り速度を落として急カーブを右に曲がり「平城」駅を通過。左にカーブを切って、京都線の終点「大和西大寺」駅に到着する。大阪、京都、橿原、奈良の４方面が交わる近鉄有数のジャンクションだ。

さらに、奈良行の電車は大和西大寺を出ると平城宮跡を抜け、「新大宮」駅を過ぎると地下に潜り「近鉄奈良」駅に到着する。

(上)高の原駅
(下)駅前には大型ショッピングセンターがあり、レストランやカフェも立ち並んでいる。2022（令和4）年、ニュータウンのまちびらき50周年記念事業で、まちの愛称が「高の原」と定められた。

大和西大寺駅は、奈良市の一大ジャンクション。東西南北4方向に近鉄の路線が伸びる。観光特急「しまかぜ」を含むすべての列車が停車する。

(右)平城宮の正門・朱雀門のすぐそばを通過する近鉄特急。
(上)第一次大極殿院が現在復元工事中。
(左)近鉄奈良駅から数百m歩けば、鹿たちの待つ奈良公園だ。

近鉄京都線のあゆみ

京都と奈良を結ぶ鉄道は、鉄道省（国鉄）が運営する奈良線が、１８９６（明治29）年に開通したが、蒸気運転で速度が遅く、本数も少なくて便利とは言えなかった。そこで、新たな私鉄路線の建設を担ったのが「奈良電気鉄道」（「奈良電」）。京阪電気鉄道と大阪電気軌道（「大軌」）の合弁会社で、現在の近鉄奈良線の前身である。

１９２８（昭和３）年11月３日、奈良電気鉄道により桃山御陵前～西大寺（現・大和西大寺）間が開業。同月15日には、鉄道省の奈良線の旧線跡を利用して京都～桃山御陵前が開業し、全通した。

建設にあたっては、いくつかの壁が立ちふさがった。多くの参拝客が利用する伏見桃山陵に続く参道との平面交差を避けようという京都府の要請があり、当初は伏見付近に地下線を通す計画があったが、伏見の酒造組合から水脈が絶たれ酒造りができなくなると反対の声が上がったため、路線は高架化されることとなる。こうして、京都市内初の鉄道高架橋が誕生した。

宇治川に架ける鉄橋にも待ったがかかった。当時、宇治川には陸軍演習場があったため、6本の橋脚を建てる計画は、演習の邪魔になると陸軍が認めなかった。そこで無橋脚の「澱川橋梁」が建設された。

奈良電気鉄道は、創業当時から大阪電気軌道との相互乗り入れをし、京都と奈良を結んだ。第二次世界大戦後は、京阪電鉄とも相互乗り入れを開始し、奈良～京阪三条、京都～京阪宇治、京都～平田課公園などの区間を網羅した。

１９６３（昭和38）年10月、奈良電気鉄道を近鉄が買収。近鉄京都線が誕生。京都～橿原神宮（現・橿原神宮前）が１本の線で結ばれた。

１９６８（昭和43）年12月、京阪電鉄との相互乗り入れを中止。１９８８（昭和63）年８月からは、京都市営地下鉄烏丸線との相互直通運転（北大路～新田辺間）が開始される。

その後、烏丸線の延伸により、直通運転区間も延長。現在では、国際会館～近鉄奈良駅間直通の急行も運行されている。なお、近鉄京都駅始発の特急には、観光特急として、賢島行の「しまかぜ」、奈良行「あをによし」が加わっている。

伏見駅の東、豪川を渡る鉄橋下に奈良電気鉄道時代のレンガ積み橋台が残る。

近鉄京都線の主な車両

●8300系

●3100系

●3220系

●スタンダードタイプ

●地下鉄烏丸線からの乗り入れ車両

●30000系 ビスタEX
近鉄特急のシンボルである「2階建て電車」ビスタカー3世として昭和53年に誕生。4両編成で中間車2両が2階建て。階下席にはグループ専用席も設けられている。

●23000系 伊勢志摩ライナー
平成6年、志摩スペイン村の開業に合わせて登場。大阪・京都・名古屋～鳥羽・賢島方面を中心に運行されている。

●50000系 しまかぜ
平成25年の伊勢神宮式年遷宮に合わせて、伊勢志摩地域の活性化を推進するための次世代新型特急車として登場。京都～賢島を1日1往復。

●19200系 あをによし
大阪・奈良・京都の三都を乗り換えなしで結ぶ観光特急として、令和4年に運行開始。京都～奈良、大阪難波を1日4往復。

路線図

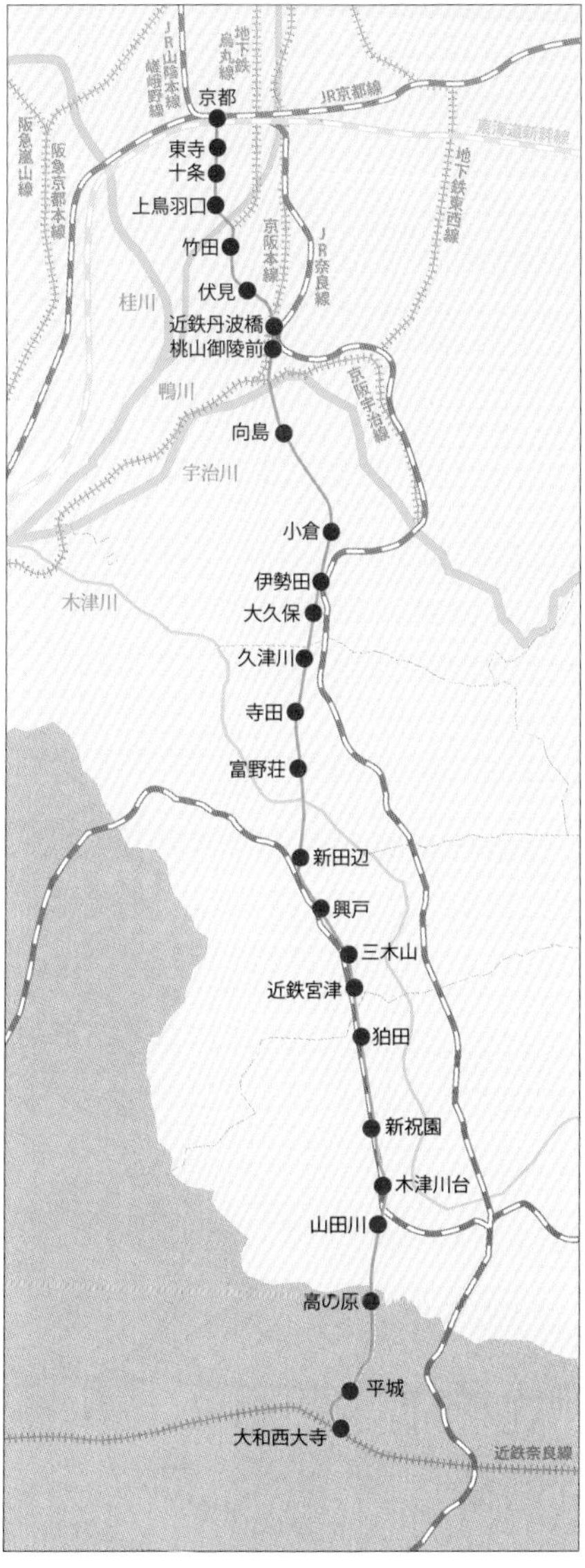

■近鉄京都線停車駅

観光特急「しまかぜ」	観光特急「あをによし」	特急「伊勢志摩ライナー」	特急	急行	準急	普通	駅
○	○	○	○	○	○	○	京都
				○	○	○	東寺
						○	十条
						○	上鳥羽口
				○	○	○	竹田
						○	伏見
○	○	○	○	○	○	○	近鉄丹波橋
				○	○	○	桃山御陵前
					○	○	向島
					○	○	小倉
					○	○	伊勢田
				○	○	○	大久保
					○	○	久津川
					○	○	寺田
					○	○	富野荘
				○	○	○	新田辺
				◇		○	興戸
				◇		○	三木山
				◇		○	近鉄宮津
						○	狛田
				○		○	新祝園
						○	木津川台
						○	山田川
		◉	◉	○		○	高の原
						○	平城
○	○	○	○	○		○	大和西大寺
↓賢島	↓奈良・大阪難波	↓奈良／賢島	↓賢島／鳥羽／奈良／橿原神宮前	↓奈良／橿原神宮前		↓奈良／橿原神宮前／天理	

〈京都市営地下鉄烏丸線内〉

急行	普通	駅
○	○	国際会館
○	○	松ヶ崎
○	○	北山
○	○	北大路
○	○	鞍馬口
○	○	今出川
○	○	丸太町
○	○	烏丸御池
○	○	四条
○	○	五条
○	○	京都
○	○	九条
○	○	十条
○	○	くいな橋
○	○	竹田

◇京都発宮津行のみ停車

◉一部の特急のみ停車

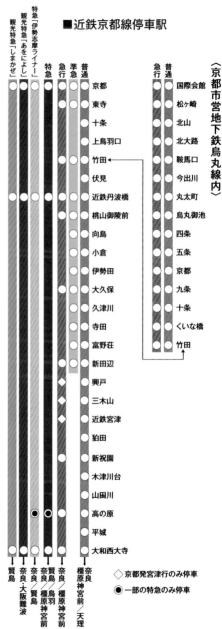

ＪＲ嵯峨野線（山陰本線）

京都〜園部

都と山口県下関市の幡生《はたぶ》とを結ぶ
在来線では日本最長、673・8㎞の幹線・山陰本線。
全線を通して走る列車はない。
東海道線や山陰本線とは異なり
懐かしさ漂う沿線の風情で
「偉大なるローカル線」と形容される。
この山陰本線の京都から園部までの34・2㎞が
嵯峨野線の愛称で呼ばれている。
京都の名勝・嵯峨嵐山から保津峡を経て丹波の地へ。
さあ、人気の観光路線で出かけよう。

基本データ

開業 1897（明治30）年2月15日
駅数 16駅
路線距離 34.2 km
軌間 1,067㎜
最高速度 130km/h

写真：保津川駅に到着する列車

嵯峨野線
（京都〜園部）

嵯峨野線の列車は、京都駅構内の北西端の31〜34番ホームから発着する。発車した列車は単線のままJR京都線（東海道本線）と並走。大宮通を潜った先から複線になる。「梅小路公園」に沿って右にカーブを切り高架区間に入る。左手に「京都鉄道博物館」の扇形車庫が見えると、すぐに「梅小路京都西」駅に到着する。公園や隣接の水族館、鉄道博物館へのアクセス改善のため2019（平成31）年に開業した。山陰本線では11年ぶりの新駅だ。嵯峨野線の駅では初めてホームドアが設置された。

北進して、次は「丹波口」駅。駅名は、京の七口の一つで、旧山陰街道の出入り口「丹波口」に由来する。

（上）梅小路京都西駅に到着する列車。
（右上）車窓から見える、京都鉄道博物館の「扇形車庫」。
（右下）梅小路公園からは、京都タワーが見える。「京都水族館」は、公園の北側に隣接している。

嵯峨野線ホームを出発した列車は、ここから梅小路公園に沿って走る。

駅前は「京都市中央卸売市場」で、その南に江戸時代の花街「島原」があり、「島原大門」や、揚屋の「角屋《すみや》」、置屋の「輪違屋《わちがいや》」が残っている。新選組の屯所《とんしょ》のあった壬生《みぶ》からも近く、夜ごと島原に繰り出して遊興したという。

市街地を千本通（平安京の朱雀大路にあたる）に沿って走る列車は、ほどなく次の「二条」駅に停車。市営地下鉄東西線との接続駅で、特急列車を含む全列車が停車する。明治時代に建てられた木造駅舎（京都鉄道の本社も兼ねていた）は、京

（上）島原大門（下）今も置屋として営業を続けている「輪違屋」

都鉄道博物館の敷地内に移築されており、現在の高架駅は木造ドーム屋根のモダンな駅舎。1997年度のグッドデザイン賞を受賞している。東西両方向に出入口が設けられ歩行者用自由通路にもなっているが、東口を出ると立命館大学朱雀《すざく》キャンパス、佛教大学二条キャンパスや高校・中学などもあり、山陰本線の途中駅では最も利用客の多い駅となっている。西日本最大級の「京都三条会商店街」も近く、江戸幕府最後の将軍・徳川慶喜《よしのぶ》が大政奉還した「二条城」も徒歩圏内だ。

　二条駅を出ると、列車は左にカーブして再び西へと進路を変える。丸太町通に沿って走り、南北に延びる西大路通を越えたところが「円町《えんまち》」駅。2000（平成12）年に、二条〜花園間が複線化したときに開業した駅だ。

東映太秦映画村では、オープンセットを一般公開。日本におけるテーマパークの先駆けといわれている。（PIXTA 提供）

（右）二条駅の屋根は、大きな木像トラスで覆われたデザインとなっている。
（右下）「三条会商店街」は、祇園祭の還幸祭では神輿と多くの人で賑わう。
（下）極楽浄土を模した庭で名高い「法金剛院」。桜、蓮、紅葉など四季折々に楽しめる。
（PIXTA 提供）

かつては市電の停留所があり、その頃から「えんまち」の名で親しまれていたという。近くには体育館や図書館などの公共施設が多く、花園大学のキャンパスもある。

　続く「花園」駅は、特徴的な三角の上屋を持っている。北側の丸太町通に面した駅前広場から、北に歩くと日本最大の禅寺「妙心寺」、西に行くと関西花の寺第十三番霊場「法金剛院」がある。

　花園駅を出た列車は、地上に降りて高架の天神川通を潜って再び高架に戻る。左手に「東映太秦《うずまさ》映画村」を見て（エヴァンゲリオン初号機が目立つ）、嵐電北野線を越えるとまた地上に降り、「太秦」駅に到着する。先ほど見えた映画村の撮影所口までは徒歩5分ほどだ。

　2016（平成28）年に、嵐

(右)「ＪＲ嵯峨嵐山」駅と接する「トロッコ嵯峨野」駅。
(上)ＪＲのホームからもトロッコ列車が見える。

電の「撮影所前」駅が設置されたため、北野線への接続が可能になった。この北野線全線開通と同じ年に阪東妻三郎プロダクションを前身とする「東映京都撮影所」がこの太秦にでき、日本の映画産業の一端を担ったのである。なお、太秦の名は、飛鳥時代に帰化し、様々な先進技術で大和朝廷を支えた「秦氏《はたうじ/はたし》」に由来する。

　さらに西へ、列車は高度を上げて進んで行く。高いビルも目立たなくなると、「嵯峨嵐山」駅が見えてくる。ここまで京都駅からわずか15分だ。四季を通じて観光客が絶えない人気エリア、嵐山・嵯峨野への玄関口で、駅の西北側が嵯峨野、南西が嵐山にあたる。駅のすぐ横には、かつての嵯峨野線旧線を転用した嵯峨野観光鉄道の「トロッコ嵯峨」駅があり、ここから分岐まで下り線を走る。

　嵯峨嵐山駅から先は、風景が一変する。住宅がなくなり、雑木林を進んで行く。嵯峨野観光線と分岐すると小倉山トンネルに入る。

　トンネルを抜けると、嵯峨野観光線とクロスして保津川を渡り第一保津トンネルに入る。このトンネルを出たところが「保津峡」駅だ。橋梁の上にあるホームは、下を流れる保津川を境に京都市と亀岡市にまたがっており、真下を通る保津川下りの船や、トロッコ列車の撮影ポイントにもなっている。橋梁の下に小さな駅舎があり、両ホームを結ぶ線路下の通路がある。柚《ゆず》の里・水尾を経て愛宕山《あたごやま》へのハイキングコースの起点としての利用者も多い。

　保津駅を出るとすぐ第二保津トンネルに入る。トンネルを出て橋梁をわたり、またトンネルにと繰り返し、地蔵トンネルを最後

(上)保津峡駅のホーム。トンネルとトンネルに挟まれている。
(左)保津峡駅ホームから望む保津川。保津川下りの船やトロッコ列車も見ることができる。
(右)橋梁の下にある保津峡駅の駅舎。

に地上に出て 観光線と並走する。「トロッコ亀岡」駅のすぐ横を過ぎると「馬堀《うまほり》」駅に到着。京都のベッドタウンとして住宅地が開けているところだ。

●保津峡駅から愛宕山へのルート

田園風景を眺めながら6、7分歩けばトロッコ亀岡駅に行けるので、JR嵯峨野線で馬堀まで来て、トロッコ列車で嵐山へ戻るというパターンでも利用されている。

馬堀から3分ほど走り、右手前方に「サンガスタジアム by KYOCERA」が見えてくると、明智光秀が築いた亀山城の城下町「亀岡」駅に着く。

桜並木に包まれた馬堀駅に到着する列車。

(上)亀岡駅の「のどかめロード展望デッキ」からは、電車の発着が眺められる。(右下)南郷公園に建つ「明智光秀公像」
(左下)亀岡城の石垣。安土桃山時代のものと推定される。

ゆるいカーブを切って、園部駅に到着する快速電車。

(右上)「園部城跡」は、現在京都府立園部高校の校門になっている。(左上)日本最古の天満宮「生身天満宮」。(下)園部駅を出て、園部川を渡る特急「はしだて5号」「まいづる6号」(京都丹後鉄道の「丹後の海」で運行)

(右上)綾部駅に到着前の車窓からは由良川が見える。
(左上)由良川越しに綾部市街を望む。(右下)綾部駅南口
(左下)グンゼスクエアにある「綾部バラ園」。

福知山城からは、福知山駅に到着する列車が見える。

豊かな自然に恵まれた亀岡市は、保津川のアクティビティのほか、街歩きも楽しい。「南郷公園」や「亀山城」、旧山陰本線の生みの親・田中源太郎の生家を改築した料理旅館「楽々荘」はじめ、立ち並ぶ町家カフェや酒蔵を回るのも良いだろう。

亀岡駅を出た列車は北上し、「千代川」駅を過ぎると南丹市に入る。二つの駅に停車した後、市の中心駅「園部《そのべ》」に着く。

すべての列車が停車する園部は、江戸時代、園部藩・小出氏の城下町で、駅の近くに多くの大学が集まっている。「園部城跡」や「生身《いきみ》天満宮《てんまんぐう》」のほか、町の南西部にある標高500mの高原に位置する「京都府立るり渓自然公園」は、四季を通して観光やレジャーに訪れる人が絶えない。

ここまでが嵯峨野線の愛称で呼ばれる路線だが、もう少し山陰本線の主要駅をたどってみよう。

山陰本線（綾部〜）

園部からは特急を利用、乗車37分で「綾部」駅へ。

綾部は舞鶴線との分岐駅で、すべての列車が停車する。駅の北口一帯が、1896（明治29）年に郡是《ぐんぜ》製紙株式会社としてこの地で発足し、今は下着・肌着メーカーとして知られる「グンゼ」

(上)福知山城
(下)明智光秀を祀る御霊神社。

(左上)風情ある城崎温泉の町並み。
(左下)玄武洞公園（PIXTA 提供）
(下)和田山駅には、レンガ造りの機関庫と給水塔が今も残る。

の所有地で、昭和初期に建設された本社、大正時代の旧本社・繭蔵などの歴史的建造物が残り、博物苑、特産館、バラ園で構成される「あやべグンゼスクエア」として親しまれている。

特急の次の停車は「福知山」駅。JR福知山線で大阪へ、京都丹後鉄道線で丹後へとつながる駅である。明智光秀が北丹波の拠点として築城した「福知山城」へは、駅から歩いて10分ほどだ。また、新町商店街にある「福知山鉄道館ポッポランド」には、かつてこのあたりを走っていた北丹鉄道の資料やC58の実物展示がある。

福知山から40分ほどで「和田山」駅に到着。播但線《ばんたんせん》との接続駅だ。ここには1912（明治45）年に建設されたレンガ造りの機関庫と給水塔が残されていて、歴史の古さを実感できる。

明治時代の跨線橋《こせんきょう》が現役の

「八鹿《ようか》」駅、「江原」駅に停車した後、「豊岡」駅に着く。山陰本線のほか、京都丹後鉄道の宮津線が乗り入れている。京都、大阪発着のすべての定期旅客列車が停車する、豊岡市の中心駅である。

特急列車は次の「玄武洞《げんぶどう》」駅を通過して、「城崎温泉《きのさきおんせん》」駅に停車する。1300年の歴史を持つ城崎温泉の玄関口だ。そして、列車はリアス海岸に連続するトンネルを抜けて、山陰本線を代表する景観の「余部橋梁《あまるべきょうりょう》」を渡っていく。

「余部橋梁」は、山陰本線を代表する豪壮な建築物。
（PIXTA 提供）

ＪＲ嵯峨野線（山陰本線）のあゆみ

山陰本線の歴史は、明治初期から対大陸の重要な地域とされた舞鶴への鉄道計画から始まった。

京都の財界の田中源太郎や浜岡光哲らが発起人となり、京都から舞鶴までの鉄道敷設を目的とした「京都鉄道」を設立。1895（明治28）年、免許が交付された。同時期に大阪～舞鶴間の申請をしていた「阪鶴《はんかく》鉄道」は、福知山までの認可となった。

1897（明治30）年2月、京都鉄道の本社のある二条駅～嵯峨駅（現・嵯峨嵐山駅）が開業。同年4月、大宮駅（後に廃止）～二条駅が延伸開業。11月には官設鉄道の京都駅に乗り入れた。1899（明治32）年8月、嵯峨駅～園部駅間が開業し、京都駅～園部駅間、現在の嵯峨野線区間が開通した。しかし、資金難のため園部以西へ路線を伸ばすことができず、免許を返上した。

1901（明治34）年に帝国海軍舞鶴鎮守府が創設されると、阪鶴鉄道が建設していた福知山～舞鶴間は国によって着工された。1904（明治37）年11月に福知山駅～綾部駅～新舞鶴駅（現・東舞鶴駅）が開業。阪鶴鉄道に貸与する形で営業開始。大阪～新舞鶴間で直通列車が運行を開始した。

1907（明治40）年8月、京都鉄道と阪鶴鉄道はともに国有化される。1909（明治42）年、京都～園部間が京都線の名称に。

1910（明治43）年、園部～綾部間が開通。京都と結ばれた。1912（明治45）年3月、京都線全線は山陰本線に編入される。同年8月、余部橋梁が竣工すると、西部区間とつながり、京都～出雲間が山陰本線となった。その後、1928（昭和3）年、山口県の須佐駅まで延伸。1925（大正14）年、幡生《はたぶ》～小串間を建設した「長州鉄道」を買収し、さらに海沿いに路線を繋ぎ合わせ、1933（昭和8）年、京都から幡生が全通した。

1987（昭和62）年4月の国鉄分割民営化により、山陰本線はＪR西日本に継承される。翌年、京都～園部間に「嵯峨野線」の愛称がつけられた。1989（平成元）年3月、嵯峨～馬堀間が新線に切り替えられ、複線化。1996（平成8）年には園部～綾部間が電化。特急も運転を開始。2010（平成22）年までに、京都～園部間全線複線化。2019（平成31）年3月には、山陰本線では11年ぶりとなる梅小路京都西駅が開業した。

路線図

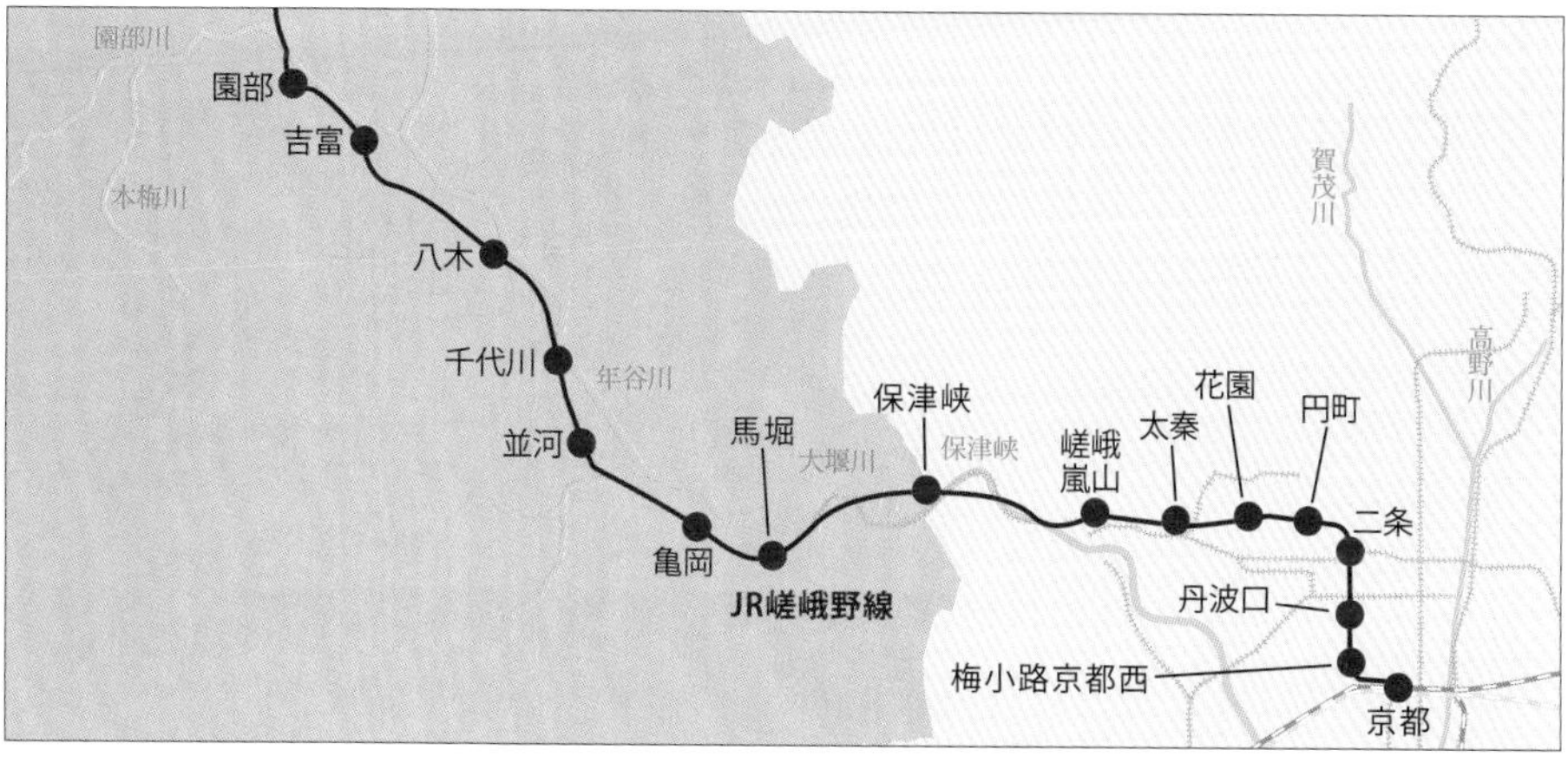

■ＪＲ嵯峨野線の停車駅

	亀岡	馬堀	保津峡	嵯峨嵐山	太秦	花園	円町	二条	丹波口	梅小路京都西	京都
特急	○							○			○
快速	○			○			○	○			○
普通	○	○	○	○	○	○	○	○	○	○	○

JR 嵯峨野線の主な車両

●287系

2011 年運用開始。特急「きのさき」「まいづる」「はしだて」で使用されている。

●289系

北陸新幹線金沢開業で余剰となった683 系の改造車両。特急「きのさき」「はしだて」で使用されている。

●KTR8000形

京都丹後鉄道の車両で特急「はしだて」「まいづる」で使用されている。

●221系

快速・普通と区別なく運用。

●223系

「森の京都QRトレイン」としても運用。

●TWILIGHT EXPRESS 瑞風

ＪＲ西日本が運行する周遊型寝台列車。

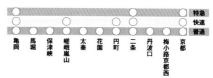

京都丹後鉄道

かつて日本一の赤字をかかえた
北近畿タンゴ鉄道を引き継いだ京都丹後鉄道。
「海の京都」とよばれる丹後地方に3つの路線を持つ。
丹後へのアクセス路線の宮福線《みやふくせん》。
若狭湾に沿って走る宮舞線《みやまいせん》。
日本三景・天橋立から丹後半島を横断する宮豊線《みやとよせん》。
絶景と魅力の観光列車の運行で
多くのファンを集めている。

宮福線（宮津〜福知山）
宮舞線（宮津〜西舞鶴）
宮豊線（宮津〜豊岡）

基本データ

●宮福線
開業 1988(昭和63)年7月16日
駅数 14駅
路線距離 30.4ｋｍ
軌間 1,067㎜

●宮舞線
開業 1924(大正13)年4月12日
駅数 7駅
路線距離 24.7ｋｍ
軌間 1,067㎜

●宮豊線
開業 1924(大正13)年4月12日
駅数 13駅
路線距離 58.9ｋｍ
軌間 1,067㎜

写真：由良川橋梁を渡る「丹後くろまつ号」

ＪＲ山陰本線と福知山線、京都丹後鉄道の宮福線が乗り入れる福知山駅。2009（平成21）年に高架化された。ＪＲホームの北側に位置する丹鉄ホームに停車しているのは「たんごリレー号」として運行されている「丹後の海」。

京都駅発丹後方面へ向かうＪＲの特急列車は、山陰本線で城崎温泉に行く「きのさき」、宮津から京都丹後鉄道に入って天橋立まで直通の「はしだて」（豊岡まで運転する列車もある）、綾部から舞鶴線経由で東舞鶴に至る「まいづる」がある。

朝の時間帯は、京都駅8時38分発のはしだて1号が天橋立まで直行するが、今回はさらに早い7時32分発のきのさき1号で福知山まで行き、そこから京都丹後鉄道に乗ることにする。

宮福線（宮津〜福知山）

到着した「福知山」駅3階のホームから2階に降り、京都丹後鉄道乗換口を通って3階へ上がると、網野行の特急「たんごリレー1号」が待っている（たんごリレー号は「丹後の海」または「ＫＴＲ8500形」で運行）。

1988（昭和63）年に開業した宮福線は、福知山駅から宮津駅間30・4㎞を特急約30分、普通列車約50分で結ぶ。全線電化されているが、普通や快速はディーゼル車で運転されている。

福知山駅を出ると、しばらく山陰本線と並行、由良川《ゆらがわ》に沿って走る。最初の駅「福知山市民病院口」を通過。かつては、「厚中問屋《あつなかとんや》」駅と言った。宮福線の車庫・福知山運転所を過ぎると「荒河《あらが》かしの木台」駅。ここから西に向う山陰本線と別れ、列車は北へ向かう。トンネル、「牧」駅、トンネル、「下《した》天津《あまづ》」駅、トンネルと繰り返して「公庄」駅を通過。この後しばら

明智光秀が築いた城下町

福知山を歩こう

この町を歩いてみると、謀反人とは異なる一面、善政を敷いた名君としての明智光秀に出会えるはず。

明智光秀が丹波の拠点として築いた福知山城。3層4階の天守閣が再現されている。

福知山鉄道館フクレル別館に展示されている蒸気機関車。

明智光秀の霊を祀る「御霊神社」。

由良川の洪水対策として明智光秀によって築かれたとされる「明智藪」。

くはトンネルに入らず、宮福線唯一の特急停車駅で有人駅の「大江駅」に停車する。宮津線のほぼ中間で、大江町の中心地。酒呑童子《しゅてんどうじ》の大江山の鬼退治の伝説が残る場所で、駅前の公園には鬼のモニュメントが数多く飾られている。

　ここで由良川とは別れ、支流の宮川に沿って山間部に入って行く。宮川を渡ると「大江高校前」駅を通過。トンネルを出ると、左手に「元伊勢外宮豊受大神社《もといせげくうとようけだいじんじゃ》」の鳥居が見える。「二俣」駅の次の「大江山口内宮」駅の近くにある「元《もと》伊勢内宮皇大神宮《いせないくうこうたいじんじゃ》」「天岩戸神社《あまのいわとじんじゃ》」と合わせて「元伊勢三社《もといせさんじゃ》」と呼ばれている。

　大江山口内宮駅を過ぎると「栃葉トンネル」を抜け、山間の秘境駅としても知られる「辛皮《からかわ》」駅を通過して全長3215mにもおよぶ「辛皮トンネル」に入る。この付近は冬場に積雪が多く、トンネルの上には「大江山スキー場」がある。

　トンネルを出ると、右手に京都縦貫道、左に大手川に沿って走り、「喜多《きた》」駅を通過。田園風景を見ながら走り、縦貫道を潜って「宮村」駅へ。

　左手から近づいてきた宮津線と寄り添いながら市街地を抜け、宮福線の終点「宮津」駅に到着する。

元伊勢とは、ご神体を伊勢神宮に還す前に、一時的に祀られていたと伝承される神社・場所のこと。(右上)大江山のふもと（左上)大江山口内宮駅（下)元伊勢外宮豊受大神社の鳥居

宮津市街地散策

かつての城下町、北前船の寄港地を偲ばせる街並みが、多くの人を惹きつける、

白磁タイルの外壁が美しい宮津駅。海園都市・宮津市を象徴している。

カトリック宮津教会に隣接する大手川ふれあい広場に建つ「祈り」(ガラシャ夫人)像。

丹鉄の3線を結ぶ中心駅である宮津駅は、単式、島式の複合型3面4線のホームを持つ地下駅。

宮舞線（宮津〜西舞鶴）

宮舞線は、宮津湾沿いを走る普通のみの生活路線であるが、一部の列車は観光列車「丹後くろまつ号」「丹後あかまつ号」「丹後あおまつ号」として運行されている。

起点となる「西舞鶴」駅は、JR舞鶴線との接続駅。1999（平成11）年に新築された近代的な橋上駅で、京都丹後鉄道の列車の乗り場は、JRの4番ホームの南端にある。

南に向かって出発した列車は、並走する舞鶴線から別れ西にカーブ。街並みが途絶え山間部に入ると「四所《ししょ》」駅に停車。かつてこの付近に関所があったことにちなみ、関所をイメージしたデザインの駅舎になっている。

西舞鶴駅、京都丹後鉄道宮津方面ホーム。隣に停車しているのは「丹後の海」車両。

西舞鶴の町並み

田辺藩の城下町として栄えた趣のある町。戦国武将・細川幽斎ゆかりのお寺など数多くの史跡や、レトロな商店街を訪ねてみよう。

田辺資料館（田辺城跡）

西舞鶴駅前

四所駅を出ると、進路を北に変え、左手に由良川の穏やかな流れが見えてくる。鉄道の開通までは丹後の物流を担っていた、北近畿を代表する大河だ。

行き違いができる「東雲《しののめ》」駅を過ぎ、宮津湾にそそぐ河口近くまで北上して「丹後神崎《たんごかんざき》」駅へ。ここを出ると左にカーブを切り、沿線随一のビューポイントである「由《ゆ》良川橋梁《らがわきょうりょう》」を渡っていく。橋の高さは海面から約6m。車窓から見るとまるで海の上を走っているかのように感じられる。

（上）四所〜丹後神崎間は由良川のすぐ近くを走る。（下）丹後神崎駅は、宮津線がKTRに転換した際に、尖塔を持つ駅舎へと改築された。

由良川の河口を横断する由良川橋梁は、全長約550mのガーダー橋。23の橋脚で支えられている。上部構造がないすっきりとした橋で、列車が海の上を走っているように見える、絶好の撮影スポットでもある。

由良川橋梁の丹後神崎側の北にある「神崎煉瓦ホフマン式輪窯」では、明治時代に舞鶴の軍港などに使われたレンガを製造した。

(右上)丹後由良駅、2面2線ホームで、行き違いができる。
(右下)丹後由良駅停車中の西舞鶴行普通列車。
(左)宮津市由良と栗田の間約3kmの花崗岩からなる奈具海岸。浸食された白い岩肌と、その上に生える松とが美しい景観をつくりだしている。磯釣りのスポットとしても知られている。

橋を渡ると「丹後由良」駅。「奈具海岸《なぐかいがん》」や「由良海水浴場」の玄関駅で、ヨットの帆をイメージしたコテージ風の駅舎になっている。この辺りは、日本海側では珍しいミカンの産地。「由良石」の産地としても知られている。また、文豪・森鴎外の『山椒大夫《さんしょうだゆう》』ゆかりの地で、安寿姫《あんじゅひめ》が汐水《しおみず》を汲んだと伝わる「汐汲浜《しおくみはま》」には文学碑が建てられている。

眼下に国道178号線、日本海沿いの荒々しい岩礁が続く奈具海岸を見ながら列車は走る。そして、海岸線が最も近づく駅は次の「栗田《くんだ》」。栗田湾を飛び交うカモメをイメージした駅舎で、駅前広場が海を演出しているという。

栗田駅から左にカーブ。宮津運動公園を回り込み、トンネルを抜けると宮津港に沿って南に走り、宮舞線の終着、「宮津」駅に到着する。

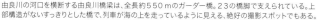

宮豊線

(宮津〜豊岡)

「宮津」駅から電化区間に入った列車は、宮福線と並走した後、右にカーブして北に進路を変える。右手に旅館街と松林を見ながら「天橋立《あまのはしだて》」駅に到着する。京都から乗り入れる特急「はしだて」は、基本的にここが終点だが、2011(平成23)年から一部の列車は豊岡方面へ乗り入れている。

日本三景の一つ「天橋立」は、駅から歩いてすぐのところにある。幅は約20〜170m、全長約3・6km、南北に伸びる砂州《さす》でできた砂浜で、大小約8000本の松が茂る白浜青松《はくしゃせいしょう》。天橋立の中を歩いたり(片道約50分)、自転車に乗ったり(片道約20分)、日本三大文《もん》殊《じゅ》のひとつとして知られる「智《ち》恩《おん》

(右)天橋立駅に近づくと、天橋立の松林が見えてくる。
(左)丹後観光の拠点となる「天橋立」駅。四季を通じて多くの観光客が訪れる。2015(平成27)年に駅舎と周辺がリニューアルされた。

(下) 文殊山山上にある天橋立ビューランドの展望台から見た天橋立。ここからの眺望は、龍が天に向かって登っていくように見えることから「飛龍観」と呼ばれている。

海抜130mの笠松公園から望む天橋立。股の間からのぞくと、天に橋がかかったように見える。神話では、天にいたイザナギが眞名井神社にいるイザナミに会うために架けた梯子が倒れて、この天橋立になったと伝えられている。

(上)茶屋通りに面する智恩寺の三門は、黄金閣とも呼ばれる市の指定文化財で、丹後地方最大の三門だ。
(左上)元伊勢籠神社。
(左下)眞名井神社の境内に湧く、天の眞名井の水。

寺《じ》」の近くの乗り場から観光船で楽しむこともできる。

天橋立を一望できる展望台は二か所あって、南側にある「天橋立ビューランド」と、北側は「股《また》のぞき」の発祥の地として有名な「笠松公園」の展望所だ。

天橋立の北側には、「元《もと》伊《い》勢《せ》籠《この》神社《じんじゃ》」がある。格式のある古社で、丹後の一宮《いちのみや》だ。天照大神と豊受大神が伊勢に移る前、この地に祀られたことから、伊勢神宮の故郷とされている。その奥宮にあたるのが「眞名《まな》井《い》神社《じんじゃ》」。霊験あらたかな水を汲みに多くの人が訪れる。

さらにその北には、海の京都を楽しむのに欠かせないスポットがある。伊根《いね》の町だ。伊根湾を囲むように舟屋《ふなや》が軒を連ねる光景は、重要伝統的建造物群保存地区に選定されている。天橋立駅から、バスで1時間くらいで訪れることができる。

さて、再び宮豊線の旅に戻ろう。

天橋立駅を発車した列車は、阿蘇海に沿って走り、入江にある「岩滝口」駅に停車する。旧岩滝町(現・与謝野町)の玄関口という意味合いでこの名が付けられた。

岩滝口で海から離れ、列車は丹

伊根の舟屋

海の京都の旅に欠かせないのが伊根の町。天橋立からちょっと足をのばして、ここにしかない絶景を体験しよう。

伊根湾を囲むように、約230の舟屋の軒が連なる光景は圧巻。重要伝統的建造物群保存地区に選ばれている。展望台から楽しむなら「道の駅舟屋の里伊根」へ。また、海上から眺めを楽しむ舟屋めぐりもお勧めだ。

後半島の横断を開始。野田川を渡って川沿いに南下すると「与謝野《よさの》」駅に着く。京都丹後鉄道線内にある15の有人駅の一つだ。与謝野は丹後ちりめんの生産が盛んな町で、加悦《かや》地区には「ちりめん街道」と呼ばれる旧街道がある。

　かつてはこの駅から加悦までの5・7キロを「加悦鉄道」が走っており、丹後ちりめんとニッケルの運搬をしていたが、1985（昭和60）年に廃止。軌道敷跡はサイクリングロードとして整備されている。駅名も「丹後山田」（国鉄・JR時代）から「野田川」（KTR時代）となり、現在の与謝野に至るが、駅舎には「丹後山田駅資料室」があり、往時をしのぶことができる。

　与謝野駅を出た列車は、しばらくすると北西に進路を変え京丹後市に入り、丹後を代表する町々に停車していく。

(右)与謝野駅に停車中の「丹後の海」。
(右下)与謝野駅。丹後ちりめんの町にふさわしく、着物の襟をモチーフにした玄関屋根が印象的な駅舎だ。
(下)駅舎の左側にある「丹後山田駅資料室」。

(上)与謝野駅に到着する上り列車
(下)京丹後大宮駅

　小野小町の伝説で知られる大宮町の「京丹後大宮」駅。駅舎は平安朝風の建物だ。続いて、丹後半島の中心に位置し、「天女の羽衣伝説」が残る峰山町の「峰山《みねやま》」駅。丹後ちりめん創業の地らしく、手機の織機をイメージした斬新な形の橋上駅となっている。そして日本海に面し、こちらも丹後ちりめんの生産が盛んな網野町《あみのちょう》の「網野」駅。ヨットをモチーフにした駅舎で、京都府最北端の駅になる。

夕日ヶ浦木津温泉駅にある源泉掛け流しの足湯「しらさぎの湯」は、駅に入場すれば無料で利用できる。

網野駅から7分で、昔懐かしい温泉宿を思わせる駅舎の「夕日ヶ浦木津温泉《きつおんせん》」駅に到着する。木津温泉は奈良時代の僧・行基《ぎょうき》ゆかりの古湯で、駅舎とホームの間には足湯がある。また、松本清張の『Dの複合』の舞台としても知られ、清張が執筆のため約2か月間逗留した旅館が今も営業を続けている。温泉と共に旅人の心を癒してくれる「夕日ヶ浦」の美しい夕景もお勧めだ。

　丹後半島横断を終えた列車は、リゾート地の玄関口「小天橋《しょうてんきょう》」駅へ。久美浜湾に沿って南下し、こんもりした兜山《かぶとやま》の麓の宮豊線で唯一駅舎のない「かぶと山」駅を過ぎると、「久美浜《くみはま》」駅に着く。

　駅舎は、明治時代の久美浜県庁舎の玄関を木造で再現したもので、市街にも歴史的な建築物が多い。公開されている豪商・稲葉家の旧邸には宮豊線の峰山〜豊岡間の建設に私財を投じた13代稲葉《いなば》市郎《いちろう》右《う》衛門《えもん》の像が立っている。

　久美浜駅を後にし、県境の馬地《まじ》トンネルを抜けて兵庫県に入る。

　兵庫県最初の駅は、「コウノトリの郷」駅。1930（昭和5）年に建てられた木造駅舎は無人駅になっているが、地元地域のグループにより管理され、「駅舎カフェ ぽっぽや」が営業されている。

　そして、円山川《まるやまがわ》橋梁を渡ると、宮豊線の終着「豊岡」駅。JR西日本の山陰本線との接続駅だ。

(上)日本の夕日百選に選ばれている夕日ヶ浦。(下)松本清張が滞在した丹後の湯宿「ゑびすや」。

(右上)久美浜湾の入り江にそびえる「兜山」。標高191 m。神山として崇められている。
(左上)久美浜駅は、久美浜県庁舎を模した重厚な駅舎。1991年に完成した。
(左下)豪商・稲葉本家。母屋は築134年で国登録有形文化財。築約220年の吟松舎では、趣きのある庭を眺めながら名物「ぼたもち」が味わえる。

2011（平成23）年に新駅舎が完成した豊岡駅には、京都発着の「きのさき」、新大阪発着の「こうのとり」をはじめすべての定期旅客列車が停車する。商業施設「アイティ」へは自由通路で改札から直接行ける。

京都丹後鉄道のあゆみ

丹後地方への鉄道は、１８８９（明治22）年に海軍が舞鶴への鎮《ちん》守府《じゅふ》設置が発表されると、実現に向けて動き出した。

１９０４（明治37）年11月、官設鉄道が阪鶴鉄道《はんかくてつどう》に路線を貸与する形で、福知山〜新舞鶴（現・東舞鶴）間が開業。１９２４（大正13）年に舞鶴（現・西舞鶴）〜宮津間、１９３２（昭和７）年８月までに舞鶴〜豊岡間の国鉄宮津線が開業した。しかし、福知山と宮津間の移動は、舞鶴経由の迂回ルートとなるため、依然として両都市を直結する鉄道が望まれていた。

それから実に50年後。１９８２（昭和57）年９月、京都府知事を社長として第三セクターの「宮《みや》福鉄道《ふくてつどう》」が設立される。１９８８（昭和63）年、赤字ローカル線として廃線対象になっていた宮津線の福知山〜宮津間を引き受け、宮福線として開業する。

１９８９（平成元）年、宮福鉄道は「北近畿タンゴ鉄道（ＫＴＲ）」に改称。翌１９９０（平成２）年４月には、国鉄宮津線を継承。京都発着でＪＲ線への直通特急「タンゴ・エクスプローラー」の運転を開始する。

１９９６（平成８）年、宮福線全線と宮津線の宮津〜天橋立間で、電化と高速運転のための設備改良がなされると、京都から直通特急「はしだて」、新大阪から特急「文殊《もんじゅ》」とＫＴＲの特急「タンゴ・ディスカバリー」が加わった。

１９９９（平成11）年、ＪＲ舞鶴線の電化開業にともない、ＫＴＲの特急の系統振替が行われ、タンゴ・エクスプローラーが新大阪から、タンゴ・ディスカバリーが京都からの発着となる。

２００７（平成19）年、ＫＴＲは本社を京都府庁西別館からＪＲ西日本福知山支社内に移転。また、この年には、女性アテンダントが登場している。

さて、開業以来、通勤・通学など地域の人々の生活路線として、また、ビジネス・観光路線として幅広く利用されてきたが、少子高齢化、モータリゼーションと道路網の整備などにより、利用者数・収入が減少し、厳しい経営環境となる。

１１４㎞に及ぶ路線距離の設備の保守点検の費用、電化、特急車両２編成の保有なども影響し、赤字が続く。２０１３（平成25）年度には９億円に近い経営損益を計上、全国の三セクで最大を記録した。この２０１３年には、打開策の一つとして、水戸岡鋭治《みとおかえいじ》デザインによるリニューアル車両「丹後あかまつ号」と「丹後あおまつ号」を導入している。また、本社を宮津駅2階に移転する。

こうしたなか、株式の約45%を保有する京都府は、上下分離方式に舵を切った。

2014（平成26）年、リニューアル車両「丹後くろまつ号」の運転を開始。

2015（平成27）年4月、公募で選ばれた高速バス大手の「WILLER ALLIANCE（現・WILLER）」の子会社「WILLER TRAINS株式会社」が、KTRから施設を借り、第二種鉄道事業者として鉄道の運行を担当。北近畿タンゴ鉄道は、鉄道施設を保有・管理する第三種鉄道事業者に移行。同時に、本社を現在地に移転した。

鉄道名は「京都丹後鉄道」。愛称は「丹鉄《たんてつ》」である。路線名も、宮津線を2つに分け、宮津〜西舞鶴は「宮舞線」、宮津〜豊岡は「宮豊線」とし、宮津〜福知山は従来の「宮福線」の名を残し、合わせて3路線となった。「舞」「豊」「福」の縁起3路線としてPRを開始したのだ。併せて沿線7駅の駅名も、よりわかりやすいものに変更している。

また、同年、2011（平成23）年3月にその名称が廃止され、はしだて、まいづるに編入されていたタンゴ・ディスカバリーが、こちらも水戸岡鋭治デザインによるリニューアル特急列車「丹後の海」に生まれ変わっている。

さらに、2019（令和元）年からはKTR300形の新型車両の導入、2022(令和4)年には、新たなデザイン列車「海の京都トレイン」が登場。

2024（令和6）年3月、かつてJR東海で人気の特急車両「キハ85系」が、「KTR8500形」と名を変え復活運行している。

写真は、国鉄時代の様子。 提供：WILLER TRAINS（京都丹後鉄道）

京都丹後鉄道の車両

●KTR8000形「丹後の海」

1993(平成 5) 年〜2011(平成23) 年までタンゴ・ディスカバリーとして活躍した車両を、水戸岡鋭治氏のデザインによりリニューアル。車体色は藍色メタリックで、丹後の美しい海を想起させてくれる。

タンゴ・ディスカバリー (＊)

●KTR8000形
「TANGO EXPLORER オマージュトレイン」

1990(平成 2) 年〜2011(平成23) 年に定期運行していたタンゴ・エクスプローラーを、現存するKTR800形車両で再現した。(＊)

タンゴ・エクスプローラー (＊)

●「海の京都トレイン」

京都府北部の魅力がつまった「海の京都」をイメージしたデザイン車両。(＊)

MF102形

KRT801形

● KTR8500形

ＪＲ東海で、特急「ひだ」「南紀」として活躍した車両が譲渡されたもの。「たんごリレー号」や臨時列車として運行されている。(＊)

観光列車

●KTR700形「丹後くろまつ号」

予約制・レストラン列車
金・土・日・祝運行
モーニングコース／福知山〜天橋立
ランチコース・スイーツコース／天橋立〜西舞鶴

●KTR700形「丹後あかまつ号」

予約制 (自由席) カフェ列車 火・水運行
普通運賃＋乗車整理券 (550円)
西舞鶴〜天橋立

●KTR700形「丹後あおまつ号」

予約不要 (自由席)
毎日運行 (点検等で普通列車の場合あり)
西舞鶴〜豊岡

※最新情報は HP をご確認ください。
(＊) 写真提供:WILLER TRAINS(京都丹後鉄道)

路線図

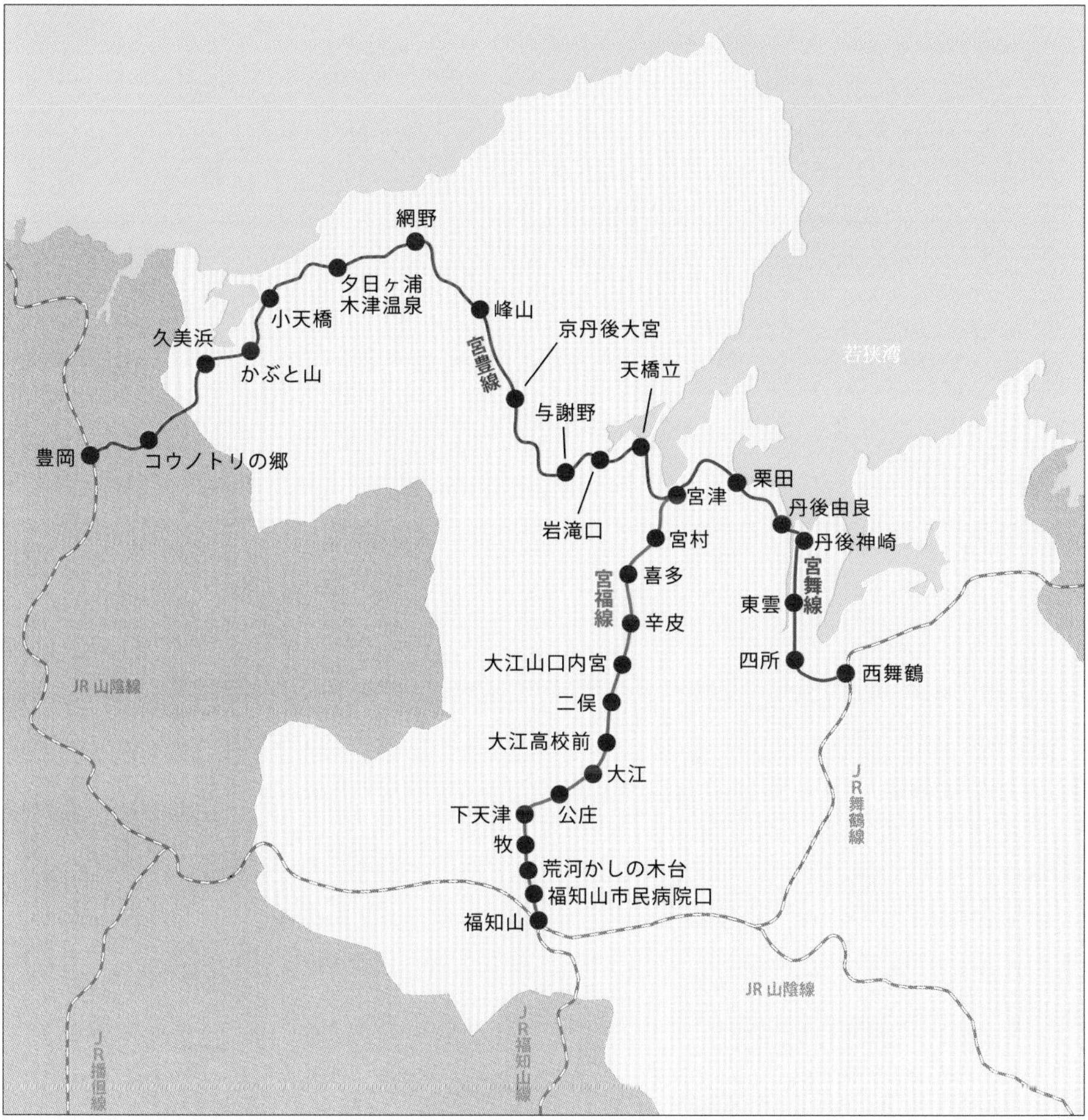

■お得な乗車券

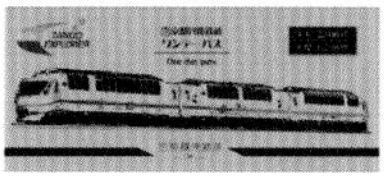

●京都丹後鉄道ワンデーパス

●海の京都
天橋立・伊根フリーパス
1 Day

京都丹後鉄道
WILLER TRAINS

※最新情報は HP をご確認ください。

ＪＲ各線

都市の中心を縦横に走るＪＲ路線。長い歴史を持ち、他府県にまたがる長大な路線で、通勤・通学や観光になくてはならないものになっている。

京都線

奈良線

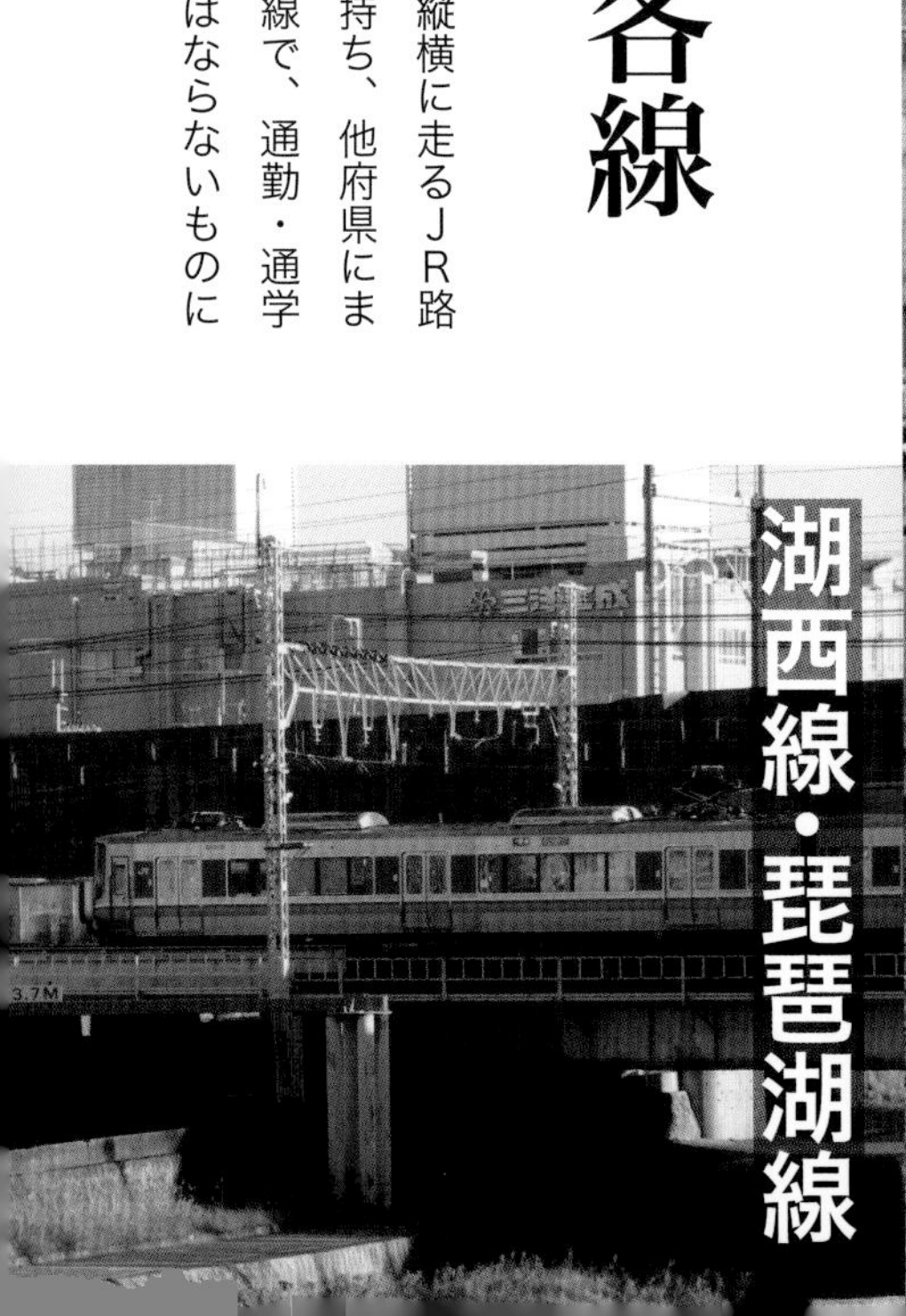

湖西線・琵琶湖線

すでに紹介した「嵯峨野線（山陰本線）」をのぞき、ここでは東海道本線の「京都線」、奈良とを結ぶ「奈良線」、滋賀県に入る「湖西線・琵琶湖線」、名古屋に至る「関西本線（大和路線）」、大阪・神戸につながる「学研都市線」、丹後地方を走る「舞鶴線」の7路線を巡ってみよう。

JR京都線（京都〜大阪）

JR京都線は、東海道本線のうち京都〜大阪間につけられた愛称で、1988（昭和63）年から使用されている。通勤・通学路線および観光路線であり、新快速を中心に多くの列車が、JR神戸線、琵琶湖線、湖西線と直通運転を行っている。

今回は、高槻まではすべての駅に停車する快速電車に乗ってみよう。

京都駅を西に向かって出発した列車の最初の停車駅は「西大路」。西大路の八条と九条の間に位置する。このあたりでは新幹線が並走。駅舎および1番ホームの上を通過していく。駅周辺には、ボークス、日本新薬、GSユアサ、堀場製作所、ワコールなど、京都を代表する企業の本社が集まっている。

西大路駅を出ると列車は南西に進路をとり、桂川を渡ると南へとカーブを切り、「桂川」駅へ。2008（平成20）年にできた駅だ（阪急の桂駅とは離れていて、洛西口駅の方が近い）。かつてこの地にあったキリンビール京都工場の跡地の再開発により、中核となる「イオンモール京都桂川」がオープンし、バス路線も拡充された。

次の「向日町《むこうまち》」駅は、1876（明治9）年、官営鉄道が大阪駅から延伸したときの終着駅で、京都府内で最も歴史のある駅である。向日市の中心は500mほど離れた阪急の東向日駅の方になるが、向日町駅でも東口の開発や駅周辺の再開発事業が決まっている。

駅の大阪寄りには広大な車両基地

（上）西大路駅では、駅舎と１番乗り場の上を新幹線が通過する。
（左）イオンモール京都桂川は、桂川駅西口と直結している。

吹田綜合車両所京都支所は、かつての京都総合運転所を継承している。

（上）細川藤孝の居城・勝龍寺城跡は、勝竜寺公園として整備されている。（下）明智光秀の娘・玉（後のガラシャ夫人）が、細川忠興に嫁ぎ、この城で２年間の幸福な新婚生活を送った。本能寺の変後の山崎の合戦では、光秀がここに本陣を構えた。

長岡京駅前に静態保存刺されている国鉄ヨ８０００形貨車。

（上）山崎駅ホーム上にある府境を示す看板。
（下）特急「スーパーはくと」のほかに、特急「くろしお」、関空特急「はるか」、特急「サンダーバード」も京都線を走る。

「吹田綜合車両所京都支所」があり、特急「サンダーバード」や「はまかぜ」、嵯峨野線や草津線で運用されている車両が置かれている。

列車は南下し、約３分で「長岡京」駅に着く。かつては神足《こうたり》駅という駅名だったが、１９８７（昭和62）年に橋上駅舎に改築。１９９５（平成７）年に長岡京に改称された。長岡京市の中心からは離れているものの、通勤客の利用が多く、京都市内のＪＲの駅では、京都駅、山科駅に次いで３番目に乗車人数が多い。駅前広場には、かつて使われていた車掌車ヨ８０００形が静態保存、０系とＤ51形の車両が展示保存されている。

明智光秀にまつわる歴史の舞台になった「勝龍寺《しょうりゅうじ》城跡」に整備された公園は、長岡京駅から徒歩約10分だ。

さらに南へ約３分走ると、ＪＲ京都線の京都府内最後の駅「山崎」。京都府山崎町と大阪府島本町にまたがっており、ホーム上に府県境を示す看板が立っている。

ＮＨＫの朝ドラ「マッサン」の舞台になって以来見学者が増えた「サントリー山崎蒸留所」へは、山崎駅から徒歩約10分。駅を出たところの線路の曲線は撮り鉄に人気のスポットで、「サントリーカーブ」と呼ばれている。

高槻駅までの中間駅として設置された「島本」を出ると、快速電車は「高槻《たかつき》」駅、「茨木《いばらき》」駅、「新大阪」駅に停車して、「大阪」駅に到着する。

JR奈良線

（京都〜木津）

　JR奈良線は、奈良線といいながら奈良県内に路線がない。もともと奈良鉄道が、京都駅と奈良駅を結ぶ路線として、1896（明治29）年に開業したものの、国有化後の1909（明治42）年、木津駅〜奈良駅間が関西本線に編入されたため、奈良線の全区間が京都府内だけということになったのだ（ただ、木津駅に乗り入れる列車はすべて関西本線に乗り入れて奈良駅発着となっている）。ちなみに、並行して奈良へと走る近鉄線は京都線と称し、近鉄の奈良線は大阪と奈良を結ぶ路線である。

　奈良線の列車は、「京都」駅の8〜10番線から発着する。新幹線からはいちばん近く乗り換えは便利だ。主要駅だけに停まり奈良とを結ぶ「みやこ路快速」が30分ごとに運転されているが、今回は普通に乗ってみる。

　JR京都線とは反対に東向きに発車した列車は東海道線と並走するとすぐに南にカーブを切り、新幹線の線路をくぐり、琵琶湖疎水に架かる橋梁を渡ると「東福寺」駅に着く。京阪電車との接続駅だ。「東福寺」の最寄駅で、紅葉シーズンは臨時改札が設けられるほど大混雑となる。七福神巡りで有名な「泉涌寺《せんにゅうじ》」にも近い。

　次の「稲荷《いなり》」駅は、伏見稲荷大社の参拝客で混雑する。本殿までは京阪の「伏見稲荷」駅より近く、改札を出ると大きな赤い鳥居が目に入る。改札近くには、国鉄最古のランプ小屋が現存している。

（上）泉湧寺の七福神巡り。

（下）まだ列車内に電気照明がない時代、夕暮れになると職員が車両の屋根に上がり、灯油ランプを吊り下げていた。そのランプや燃料が収納されていた小屋が残っている。

　稲荷駅を出て左にカーブ。直進した後、右にカーブして名神高速道路をくぐると「JR藤森《ふじのもり》」駅だ。掘割型の橋上駅舎で、ここから単線区間に入る。京都でも歴史の古い「藤森神社《ふじのもりじんじゃ》」や「京都教育大学」に近い。

　列車は南下し、大きく左にカーブして「桃山」駅へに到着する。1912（大正元）年の明治天皇崩御《ほうぎょ》で、この地に陵墓が造られることになり、駅も整備された。御料地は、豊臣秀吉が築いた伏見城の本丸があった場所である。駅は、伏見桃山陵への参拝客で大いに賑わいを見せたという。

奈良線は、宇治橋の北側を走っている。

(右) 2000 (平成 12) 年に完成した宇治駅。平等院鳳凰堂をモチーフにした橋上駅舎だ。駅前には、茶壷をイメージしたポストが設置されている。

(左) 約800mの宇治橋通り商店街にはお茶屋、家具屋、飲食店など約70店舗が立ち並ぶ。起源は平安時代にあるとされている。

いったん進路を東に変えた列車は、桃山丘陵の南縁を、時折宇治川を望みながら走り「六地蔵」駅へ。JR、地下鉄、京阪が集まる一大ターミナルだ。六地蔵を出て、列車が右に大きくカーブすると「木幡《こはた》」駅に到着する。

桃山駅を出たあたりから並走してきた京阪宇治線とは、次の「黄檗《おうばく》」駅で最接近する。黄檗駅は、「萬福寺」の最寄駅で、高台を切り開いた住宅地もある。

黄檗からしばらく走ると京阪線と別れ、京滋《けいじ》バイパスを越える。右手に京阪宇治駅をかすめるように宇治川を渡るとすぐ「宇治」駅に到着だ。「宇治上神《うじがみじん》社《じゃ》」や「源氏物語ミュージアム」などの観光地には京阪「宇治」駅の方が近いが、JR宇治駅は、「宇治橋通り商店街」に直結している。

列車は宇治駅を出て、西に進み新興住宅地の中の「JR小倉《おぐら》」駅へ。2001（平成13）年、宇治～新田間の複線化に伴って設けられた、奈良線でいちばん新しい駅である。ホームは大きくカーブしている。

次の「新田《しんでん》」駅は、昭和レトロな雰囲気の残る駅舎だが、2018（平成30）年に東口改札と広場が新設された。西口前には、樹齢150年のイチョウの木がある。

城陽市に入って最初の停車は「城陽《じょうよう》」駅。市の玄関口になる。京都サンガFCの練習場は、この近くにある。城陽市の南の玄関口にあたるのが「長池」駅。この周辺は奈良街道の、京都と奈良の中間点で、街道沿いに発展した宿場町を起源とする住宅地だ。また、駅から南は丘陵部から低地を横断して木津川へ流れ込むため天井川が多く、奈良線でも6つの天井川と交差する。

（右上）宇治の銘木百選に指定されている新田駅西口のイチョウの木。見事な枝ぶりで、秋には素晴らしい紅葉が楽しめる。
（右下）城陽市の冬の風物詩「光のページェント」。

（上）井出町の山の中腹にある「地蔵禅院」のしだれ桜。円山公園のしだれ桜はこの桜を株分けしたものだ。
（右）青谷梅林。約20haの面積に、「城州白」や「白加賀」などの梅が植えられている。

続く「山城青谷《やましろあおだに》」は、京都市内でも一番を誇る「青谷梅林」への最寄駅。「山城多賀」駅は、奈良線で最も利用者の少ない駅である。

さらに南下して、「玉水《たまみず》」駅。井出町の中心地で、快速も停車する。2010（平成30）年、橋上化、バリアフリー化、東西自由通路が完成した。街を横断する玉川沿いには500本の桜の木があり、春には大勢の花見客で堤が賑わう。

玉水駅を出発した列車は、玉川の天井川をくぐり「棚倉」駅へ。駅周辺はタケノコの産地である。山城町の中央部にたたずむ椿井大《つばいおお》塚山古墳《つかやまこふん》を抜けて、列車は「上狛《かみこま》」駅へ。そして、木津川を渡ると奈良線の終点の「木津」駅だ。列車はこの駅から関西本線（大和路線）に入り、「平城山《ならやま》」駅を経て、「奈良」駅まで直通運転をしている。

JR湖西線
JR琵琶湖線

湖西線は、山科駅を起点とし、琵琶湖の西岸を走り、滋賀県長浜市の近江塩津駅に至るJR西日本の路線であるが、すべての列車は京都駅が始発となっている。関西と北陸地方を結ぶ特急「サンダーバード」もこの路線を経由している。

琵琶湖線は、東海道本線のうち、滋賀県米原市の米原駅から京都駅までの区間と、北陸本線のうち米原駅から長浜駅までの区間に付けられた愛称で、湖東、湖南地区の各都市と京都を結んでいる。

京都市内でこの二路線に含まれるのは京都駅と山科駅のみで、山科駅が分岐駅で、同一ホームに湖西線と琵琶湖線が入ってくる。改札外に隣接する商業施設「ビエラ山科」、南口には「ラクト山科」をはじめとする商業施設があり、京都・大阪方面への通勤通学客、湖西線・琵琶湖線への乗り換え客も多く、駅周辺は賑わっている。「山科疏水」や「毘沙門堂」の最寄駅であるとともに、地下鉄東西線を利用して東山エリアの観光地に向かうにも便利である。

【湖西線沿線】
(右上) 湖西線を走る特急サンダーバード。
(左上) 近江八景「堅田の落雁」で有名な浮見堂。
(下) 琵琶湖岸約4kmにわたってつづく海津大崎の桜。季節には、今津港、長浜港からクルーズ船がでている。

【琵琶湖線沿線】
(右から順に)
白壁土蔵や旧家が立ち並ぶ近江八幡の八幡堀。
織田信長の居城・安土城跡の大手道。
「ひこにゃん」もお待ちかね、国宝彦根城。
北国街道沿いに続く古い町並み、長浜の黒壁スクエア。

ＪＲ関西本線（大和路線）

ＪＲ関西本線は、名古屋駅から亀山駅、奈良駅を経て大阪のＪＲ難波駅に至る路線である。このうち、ＪＲ東海の管轄である名古屋駅～亀山駅を関西線、ＪＲ西日本管轄のうち電化区間の加茂駅～ＪＲ難波駅間を「大和路線」と呼んでいる。京都エリアとしては、月ヶ瀬駅から加茂駅が関西本線、加茂駅から木津駅が大和路線の駅ということになる。

三重県内の「島ヶ原《しまがはら》」駅を出た列車は、山間を走り、木津川の渓谷美を見ながら京都府の南山城村に入り、「月ヶ瀬」駅に着く。「月ヶ瀬梅林」の最寄駅で、季節には多くの人で賑わう。南山城村の玄関口「大河原《おおかわら》」駅を過ぎると、「笠置《かさぎ》」駅。ホームで桜の花見が楽しめる駅だ。

木津川市に入ると「加茂《かも》」駅に到着。橋上駅で、天王寺・大阪方面の大和路快速と、奈良方面の普通列車と接続している。

加茂駅から電化区間に入り、不動山トンネルを抜けると「木津」駅だ。ここで奈良線と片町線（学研都市線）が分岐。奈良、京都、大阪の京橋方面への交通の要衝になっている。しかし、利用客はそれほど多くはない。近鉄京都線の「高の原」駅や「木津川台」駅を利用する木津川市民も多いようだ。

(上)梅の名所「月ヶ瀬」。(奈良市に編入されているが、京都、滋賀、三重の県境に近い) 渓谷を五月川が流れ、両岸に約1万本の梅が咲き誇る。

観音寺橋台。明治時代、加茂と奈良を最短距離で結んだ幻の「大仏鉄道」の遺構の一つ。

恭仁宮跡（山城国分寺跡）にはコスモス畑が広がっている。

加茂駅は「当尾石仏の道」(右上)、「岩船寺」(左上)、「浄瑠璃寺」(左)などを巡る散策コースの玄関口でもある。

JR学研都市線（片町線）

片町線は、木津駅から大阪の京橋駅間44・8㎞を結ぶJR西日本の路線。かつては大阪方面の終点が片町駅（廃止）だったためにこの名がついている。1988（昭和63）年に「学研都市線」の愛称の使用が始まり、今ではこの名前が定着している。

学研都市とは、京阪奈《けいはんな》丘陵《きゅうりょう》に位置する「関西文化芸術研究都市」で、大学も多い。京都府内の学研都市線はこの沿線であることから利用者が増えている。京橋からもJR東西線と直通運転をしており、乗り換えなしで兵庫県の尼崎まで行けるので便利である。

「木津」駅を出ると、列車は大きく左にカーブしながら住宅地を抜け、「西木津」駅へ。その先で右にカーブを切り近鉄京都線を潜る。しばらく並走して精華町《せいかちょう》に入り、「祝園」駅に着く。学研都市の玄関口で、近鉄の新祝園《しんほうその》と接続する。

並走が続き、「下狛《しもこま》」駅を過ぎると京田辺市に入る。行き違い設備のある「JR三山木」、同志社大学田辺キャンパスの最寄駅「同志社前」に停車。ミツマンボと呼ばれる赤レンガ橋の天井川をくぐると（ここで近鉄線と別れる）「京田辺」駅に到着する。近鉄の新田辺駅とは300mで接続できる。再び天井川をくぐって京阪奈自動車道との交差部にある「大住」駅へ。さらに左右にカーブを繰り返しながら進み住宅地のなかの「松井山手」駅に着く。ニュータウン開発に伴い1989（平成元）年に開業した線内でいちばん新しい駅だ。

ここから先は複線で、次の「長尾」駅は大阪府内である。

（右上）木津駅は、京都府最南端の駅。学研都市線は1線のみを使用している。（右下）同志社前駅。国鉄（当時）が初めて学校名を駅名に使用した駅である。
（下）一休寺は、頓智で知られる一休禅師が63歳の時に復興させた寺。京田辺駅からが最も近く、約1キロだ。

ミツマンボ（黒坂川跨線橋水路橋）。かつて京田辺市には八本の天井川があったが、改修工事・宅地開発により今は3本が残るのみ。トンネル状のもの（マンボ）が3つあるのでミツマンボと呼ばれているとか。

「京阪東ローズタウン」。松井山手駅は、ニュータウン開発にあたり京阪電車が建設費を負担した請願駅である。

JR舞鶴線（綾部～東舞鶴）

JR舞鶴線は、綾部～東舞鶴間を結ぶ26・4㎞の路線である。

1901（明治34）年、日本海軍の舞鶴鎮守府《ちんじゅふ》が開庁。初代司令官に東郷平八郎が就任すると、軍港のある舞鶴への鉄道建設が突貫工事で進められた。日露戦争のさなかの1904（明治37）年、福知山～新舞鶴（現・東舞鶴）が開業。そして1912（明治45）年、現在の山陰本線が開通すると、綾部～新舞鶴間は舞鶴線に改称された。

かつては出征や引揚者の輸送で重要な役割を果たしたが、今では舞鶴市へのビジネス利用、丹後・若狭方面への観光利用が主となっている。

山陰本線と接続する「綾部《あやべ》」駅を出発した列車は東に進み、由良川を渡るとゆっくり進路を変え、山間を縫うように北上していく。「淵垣《ふちがき》」駅を過ぎ、「梅迫《うめさこ》」駅を出ると、いくつもの短いトンネルを通って「真倉《まくら》」駅に着く。その次が「西舞鶴」駅だ。

舞鶴市は五老岳で東西に分かれているが、西舞鶴は田辺藩の城下町として、古から商業が栄え、水産業も盛んだ。対して、東舞鶴は軍港と海上自衛隊の街となる。

列車は、舞鶴港線の廃線跡に沿って市街地を抜け、白鳥峠を越えて終点の「東舞鶴」駅に着く。綾部から普通列車で30分ほどだ。

東舞鶴は海軍ゆかりの街。いたるところに産業遺産が残り、レトロでロマンチックな街並みが続く。赤れんがパークや引揚記念館。そして海軍グルメ。ぜひゆっくりと散策を。

(右)第六伊佐津川橋梁。開業当時の赤れんがの橋脚は今も健在だ。
(右下)東舞鶴の市街地の通りには「三笠」「初瀬」「朝日」など、当時の軍艦の名が付けられている。
(中下)旧・中舞鶴線の「北吸隧道」。現在は遊歩道として利用されている。
(左上)貴重な資料が展示されている引揚記念館。
(舞鶴市提供)
(左下)明治時代に海軍によって築かれた赤れんが倉庫群。赤れんがパークとして観光スポットになっている。

ＪＲ各線路線図

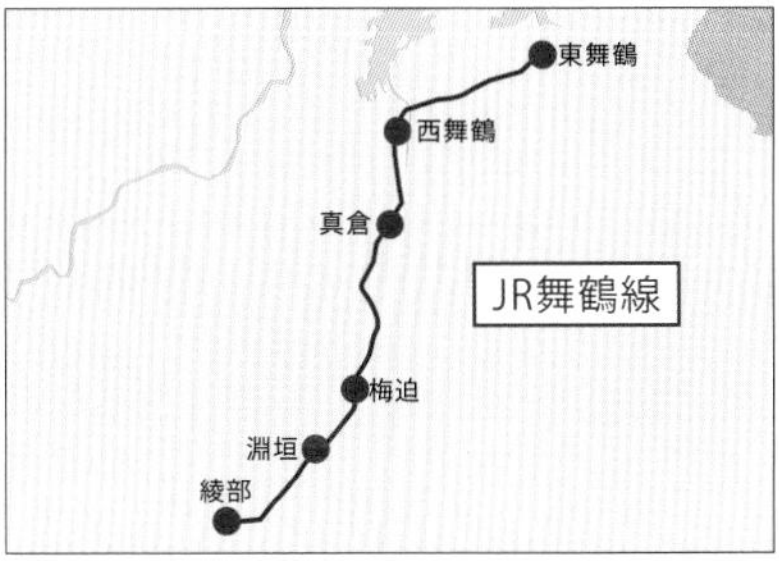
JR舞鶴線
東舞鶴
西舞鶴
真倉
梅迫
淵垣
綾部

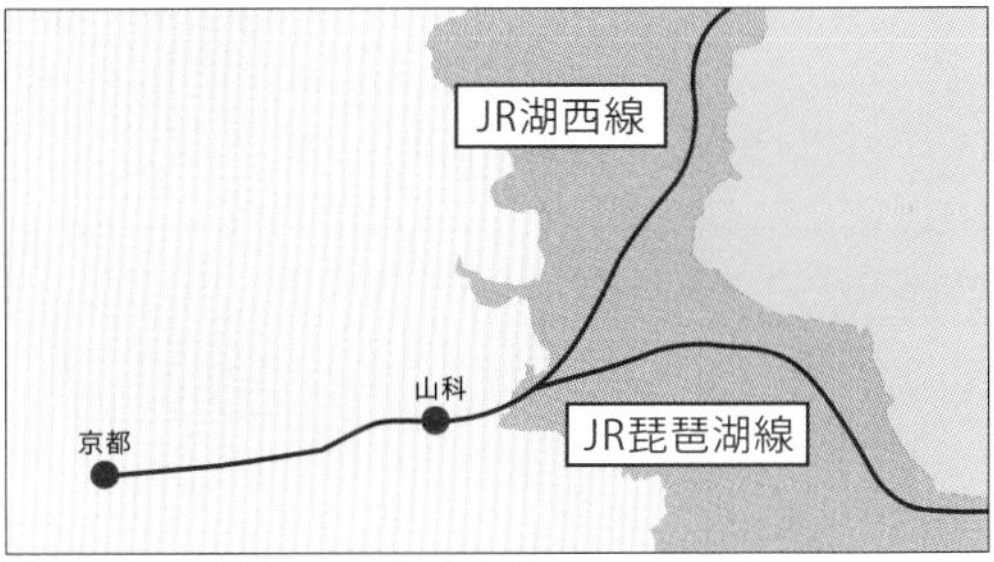
JR湖西線
山科
京都
JR琵琶湖線

JR奈良線
JR藤森
桃山
六地蔵
木幡
黄檗
JR小倉
宇治
新田
城陽
長池
山城青谷
山城多賀
玉水
棚倉
上狛
木津
平城山

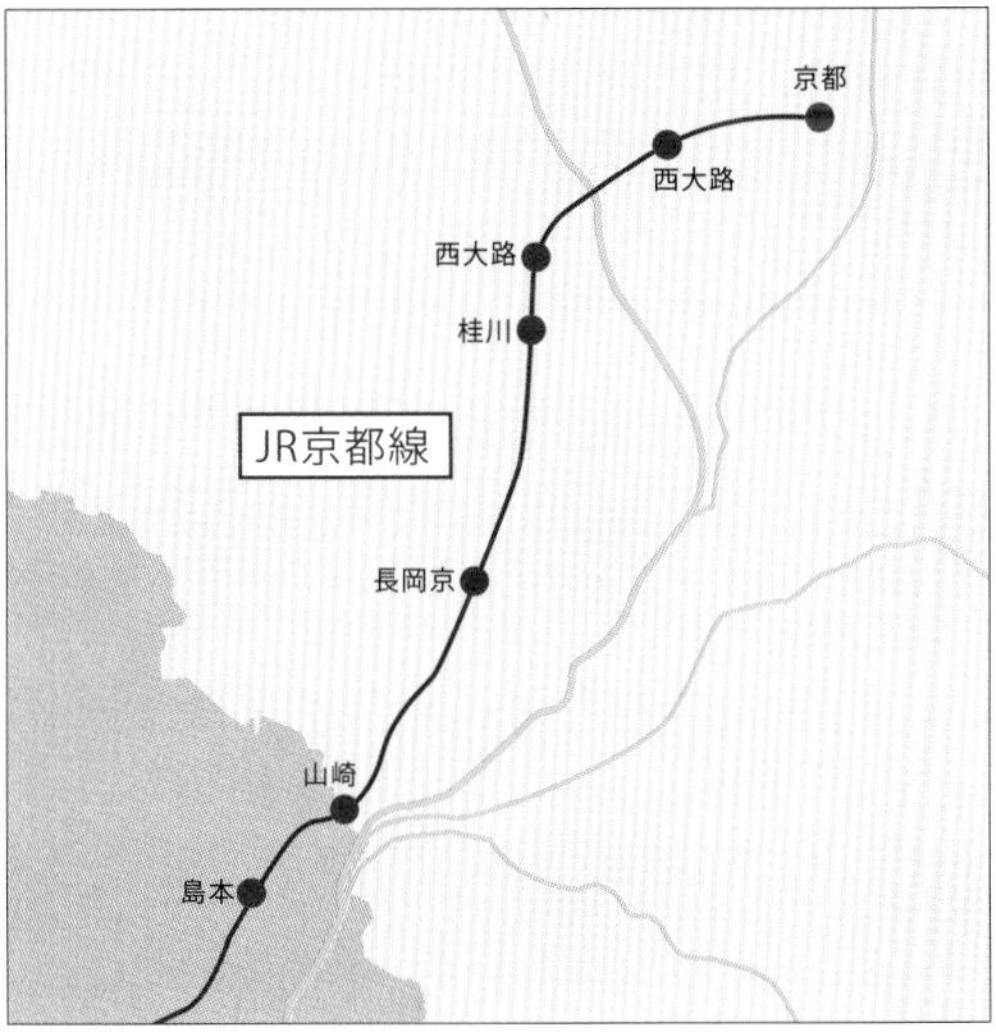
JR京都線
京都
西大路
西大路
桂川
長岡京
山崎
島本

JR学研都市線
松井山手
大住
長尾
京田辺
同志社前
JR 三山木
下狛
西木津
木津

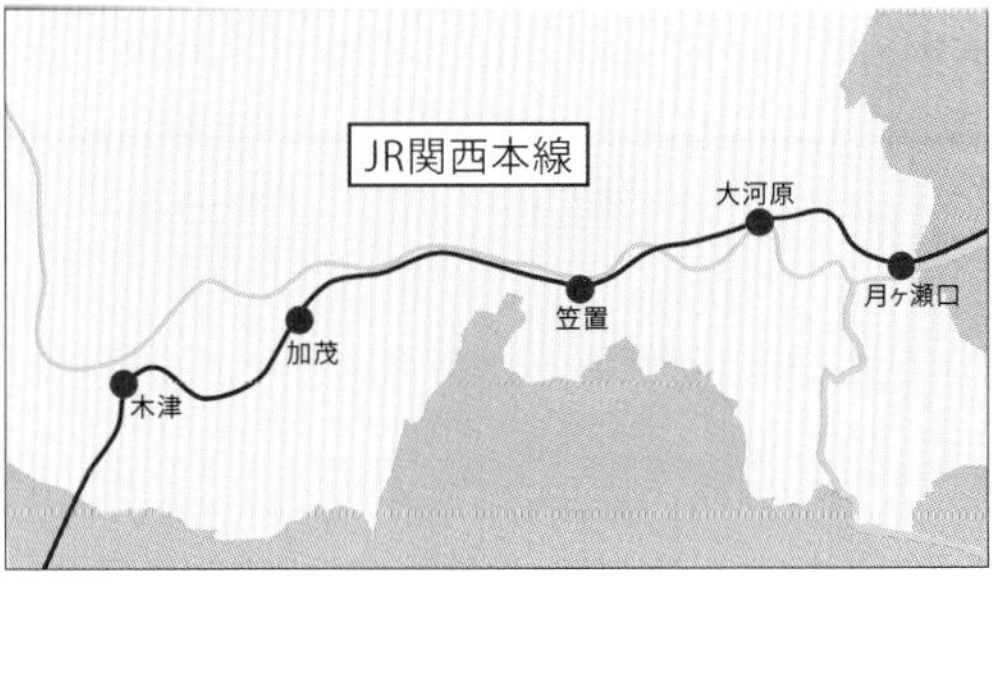
JR関西本線
大河原
月ヶ瀬口
笠置
加茂
木津

京都府広域路線図

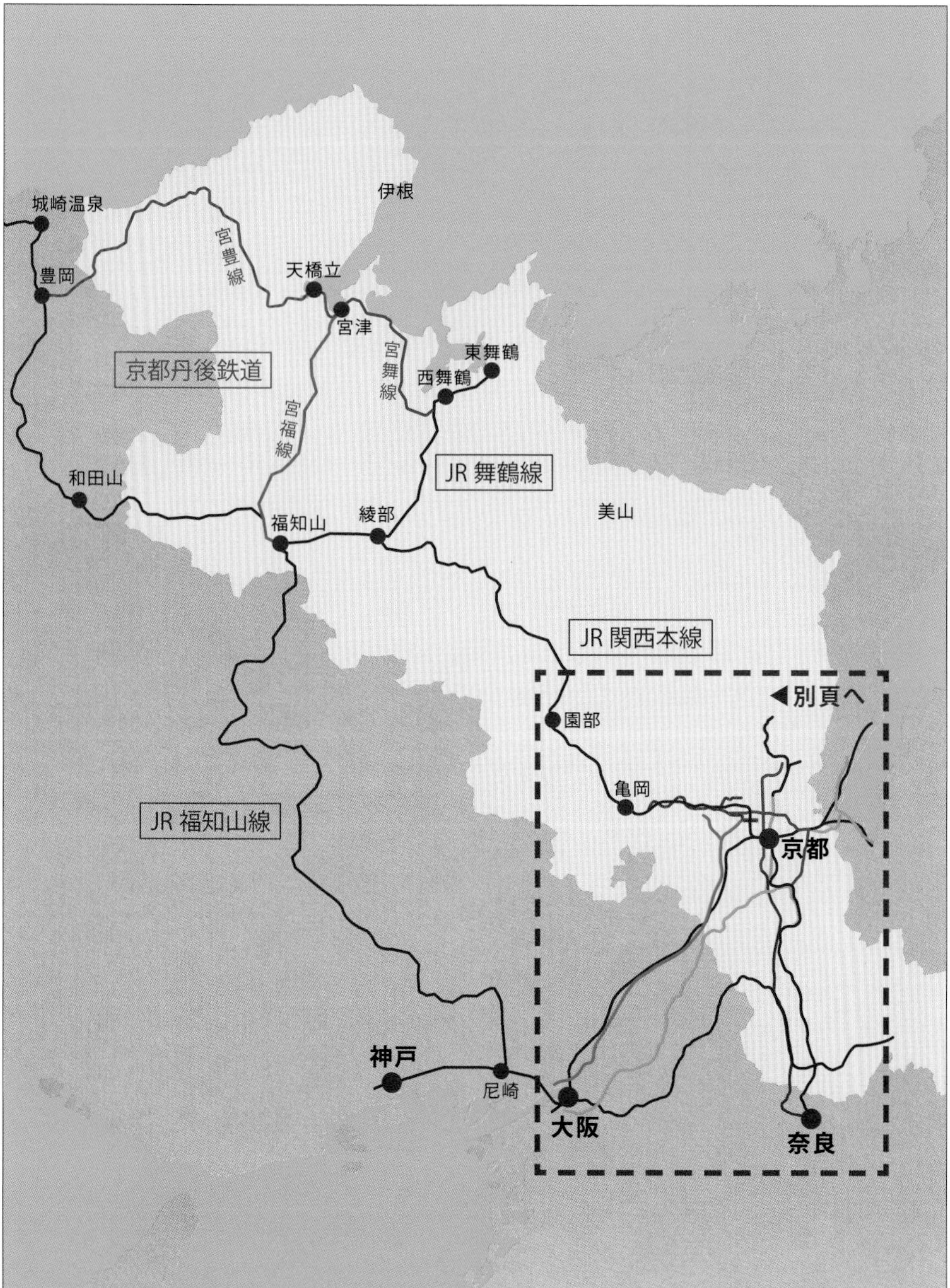

城崎温泉
伊根
宮豊線
豊岡
天橋立
宮津
宮舞線
東舞鶴
京都丹後鉄道
西舞鶴
宮福線
JR 舞鶴線
和田山
美山
福知山
綾部
JR 関西本線
◀別頁へ
園部
亀岡
JR 福知山線
京都
神戸
尼崎
大阪
奈良

京都市および近郊路線図

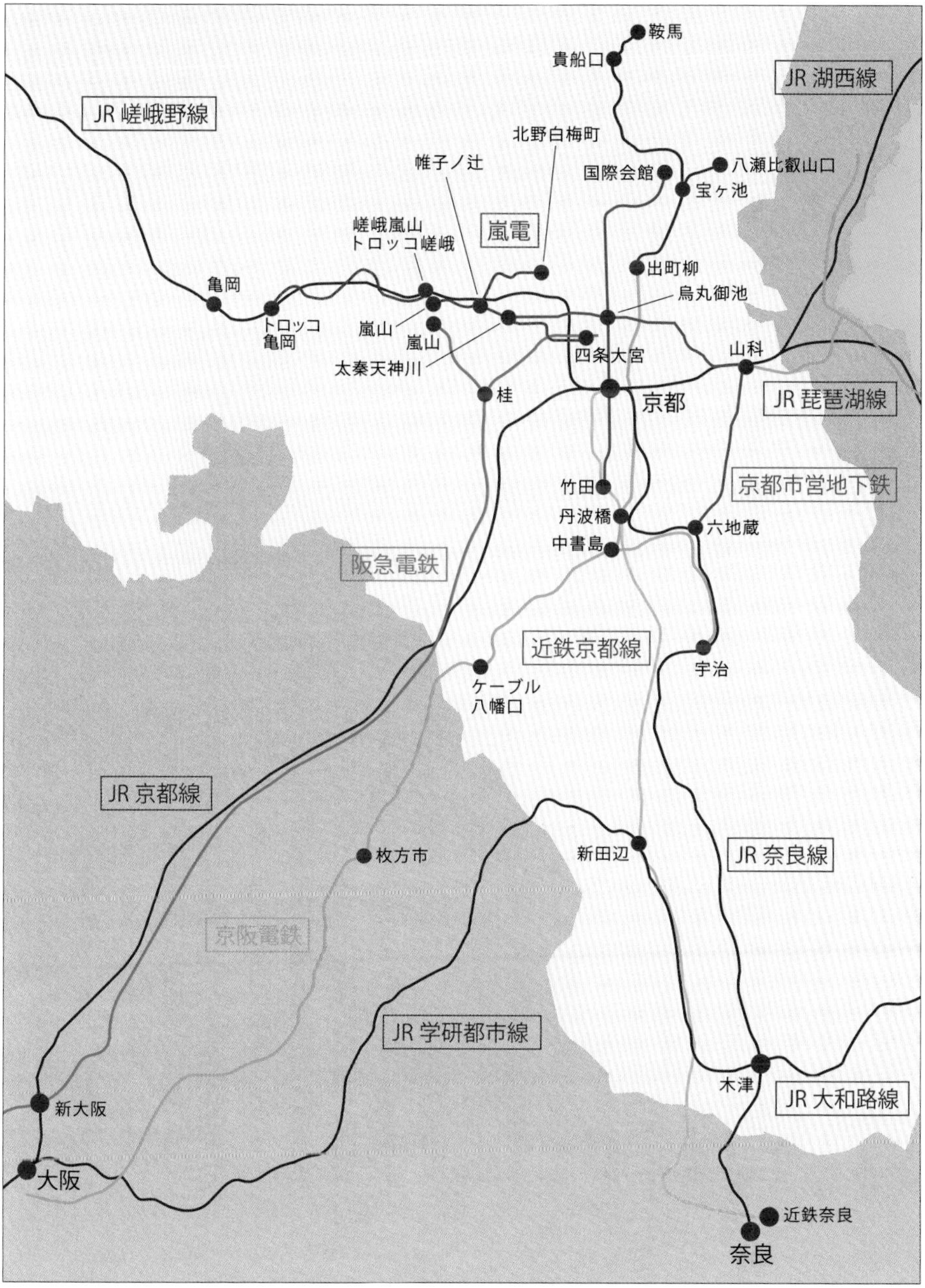

あとがき

高校生の頃、名古屋の5人組グループ（のちデュオに）「チェリッシュ」の歌う「なのにあなたは京都へ行くの」がヒットした。当時三重県に住んでいた私は、京都までコンサートを聴きに行った。

大学に入って、1年間だけ枚方市に住んだ（のちに名古屋の大学に移る）。休みの日には、京阪電車に乗って、京都に遊びに行った。鴨川の土手をテレビカーが走っていた頃だ。終点の三条駅で降りると、意気揚々河原町通りへ繰り出した。映画「二十歳の原点」や「日本沈没」を観たのもここだった。

就職浪人時代、京都に本社のある広告会社の名古屋支店でアルバイトをした。主に新聞の折り込みチラシを作る手伝いで、週に1、2回、印刷工場を持つ本社に版下（当時は紙）を届けるために新幹線で京都に行った。1日に2往復することもあった。

京都駅（駅舎は3代目）に着くと、タクシーに乗って堀川通を北へと向かった。もちろん帰りには、いろいろ寄り道をして京都の街を楽しんだ。

社会人となって、一眼レフのカメラを買うと、被写体を求めしばしば京都に出かけることになる。1993年に始まったJR東海の「そうだ、京都行こう。」キャンペーンのCMソング「マイ・フェイバリット・ソングス」のメロディをくちずさみながら。

1997（平成9）年、4代目駅舎完成。2年後に公開された映画「ガメラIII 邪神〈イリス〉覚醒」では、コンコースがガメラとイリスの最終決戦の場となる。なんてことを、と思いながらも、京都ファンとしてはうれしかった。

ますます京都通いは頻繁になる。観光地はもちろん、四季折々の花を求め、伝統行事、イベント、歴史散策など、何かと口実を見つけて。車に乗らない私の移動手段は、もっぱら新幹線と京都の鉄道（とくにはバス）だった。

さて、数年前、名古屋の編集・出版社「ゆいぽおと」さんと『小さな鉄道の小さな旅』『小さな鉄道のぶらり旅』の2冊の本を、共著で出させていただいた。そしてシリーズ第3弾は舞台を京都に限定。『京都の鉄道 気まま旅』を、京都とのご縁で私一人にまかせていただくことになった。

旅や鉄道の専門家ではない私が、京都と鉄道の魅力を伝えたいという思いだけで綴った本。読んでくださる方にとっての〝水崎案内〟になれれば幸いだ。

最後に、辛抱強く作業を見守ってくれた「ゆいぽおと」の山本直子さんに感謝したい。

主な参考文献

週刊 歴史でめぐる 鉄道全路線 公営鉄道・私鉄04「京福電気鉄道／叡山電鉄／嵯峨野観光鉄道／京都市通局」朝日新聞出版・２０１１年

週刊 歴史でめぐる 鉄道全路線 大手私鉄18「京阪電気鉄道」朝日新聞出版・２０１０年

週刊 歴史でめぐる 鉄道全路線 大手私鉄11「阪急電鉄①」朝日新聞出版・２０１０年

週刊 歴史でめぐる 鉄道全路線 大手私鉄03「近畿日本鉄道②」朝日新聞出版・２０１０年

週刊 歴史でめぐる 鉄道全路線 公営鉄道・私鉄14 神戸電鉄／能勢電鉄／北条鉄道／北近畿丹後鉄道」朝日新聞出版・２０１１年

週刊 歴史でめぐる 鉄道全路線 国鉄・ＪＲ14「山陰本線」朝日新聞出版・２００９年

週刊 歴史でめぐる 鉄道全路線 国鉄・ＪＲ48「小浜線／舞鶴線／七尾線／氷見線／城端線／越美北線」朝日新聞出版・２０１０年

らくたび文庫０２１ 叡電ゆるり各駅めぐり コトコト・２００７年

らくたび文庫００９ 嵐電ぶらり各駅めぐり コトコト・２００７年

らくたび文庫０３６ 映画の町 京都太秦さんぽ〜大映通り界隈〜 コトコト・２００９年

『鉄道でめぐる ゆるり京都ひとり旅』（羽川英樹）京都しあわせ倶楽部・２０１５年

『すごいぞ！私鉄王国・関西』（黒川一樹）１４０Ｂ・２０１６年

『すごいぞ！関西ローカル鉄道物語』（田中輝美）１４０Ｂ・２０２０年

『京都のトリセツ　地図で読み解く初耳秘話』　旺文社・２０２１年

『京都の鉄道よもやま話　全14選』（島本由紀）ＫＬＫ新書・２０２０年

『京阪沿線の不思議と謎』（天野太郎監修）実業之日本社・２０１６年

『阪急沿線の不思議と謎』（天野太郎監修）実業之日本社・２０１５年

『近鉄沿線ディープなふしぎ発見』（天野太郎監修）実業之日本社・２０１７年

『こんなに面白い！近鉄電車１００年』（寺本光照）交通新聞社・２０１９年

『「技あり！」の京阪電車』（伊原　薫）交通新聞社・２０１８年

『鉄道の聖地　京都・梅小路を愉しむ』（芦原伸著・天夢人編）京都しあわせ倶楽部・２０１６年

水崎　薫（みずさき　かおる）
三重県伊勢市生まれ。広告代理店・株式会社三晃社に勤務の後、株式会社三晃社コミュニケーションデザインに移籍。クリエイティブディレクター。
共著に『東海戦国武将ウオーキング』（風媒社）、『小さな鉄道の小さな旅』『小さな鉄道のぶらり旅』『東海の山車とからくり』（ゆいぽおと）。

本文デザイン　アール・ツウ
地図制作　上野浩二
装丁　三矢千穂

＊鉄道各社の運行状況は取材時のものです。

ゆいぽおとでは、
ふつうの人が暮らしのなかで、
少し立ち止まって考えてみたくなることを大切にします。
テーマとなるのは、たとえば、いのち、自然、こども、歴史など。
長く読み継いでいってほしいこと、
いま残さなければ時代の谷間に消えていってしまうことを、
本というかたちをとおして読者に伝えていきます。

京都の鉄道 気まま旅
2024年6月6日　初版第1刷　発行

著　者　水崎　薫
発行者　ゆいぽおと
〒461-0001
名古屋市東区泉一丁目15-23
電話　052（955）8046
ファクシミリ　052（955）8047
https://www.yuiport.co.jp/

発行所　KTC中央出版
〒111-0051
東京都台東区蔵前二丁目14-14

印刷・製本　亜細亜印刷株式会社

内容に関するお問い合わせ、ご注文などは、
すべて右記ゆいぽおとまでお願いします。
乱丁、落丁本はお取り替えいたします。

ISBN978-4-87758-565-5 C0026